Entretiens avec
MARIE SAINT PIERRE

Paquerette Villeneuve

entretiens avec

Marie Saint Pierre

De la mode considérée comme un des beaux-arts

de vive voix

Liber

Les éditions Liber reçoivent des subventions du Conseil des arts du Canada et de la Sodec.

Maquette de la couverture : Yvon Lachance

Photographies de la jaquette et de la couverture : Bohdan Zinczenko

Éditions Liber
C. P. 1475, succursale B
Montréal, Québec
H3B 3L2
Téléphone : (514) 522-3227

Distribution :
Diffusion Dimedia
539, boul. Lebeau
Saint-Laurent, Québec
H4N 1S2
Téléphone : (514) 336-3941

Dépôt légal : 4ᵉ trimestre 1997
Bibliothèque nationale du Québec

*Une mode a à peine détruit une autre mode
qu'elle est abolie par une plus nouvelle,
qui cède elle-même à celle qui la suit, et qui
ne sera pas la dernière ; telle est notre légèreté.*

LA BRUYÈRE

*J'ai sous les yeux une série de gravures de modes
commençant avec la Révolution et finissant
à peu près avec le Consulat. Ces costumes,
qui font rire bien des gens irréfléchis,
de ces gens graves sans vraie gravité,
présentent un charme d'une nature double,
artistique et historique. Ils sont très-souvent
beaux et spirituellement dessinés ; mais ce qui
m'importe au moins autant, et ce que je suis
heureux de retrouver dans tous ou presque tous,
c'est la morale et l'esthétique du temps.*

BAUDELAIRE

Première partie

LE SUCCÈS DE L'AUDACE

Paquerette Villeneuve : *Marie Saint Pierre, vous êtes née en 1961, et vous êtes depuis dix ans créateur de mode. Votre carrière est encore jeune mais vous avez, dès vos débuts, connu le succès. Vous appartenez à cette génération de jeunes entrepreneurs et créateurs québécois, en théâtre, en musique, en danse, dont le terrain de jeu naturel, si on peut dire, est international même s'ils n'ont pas hérité d'une longue tradition. Nous reviendrons bien entendu sur tout cela, mais pour le moment je souhaiterais souligner qu'avant de vous appeler Marie Saint Pierre, vous étiez — et êtes encore parfois dans le privé — Marie-Josée Charest. Pourquoi ce changement de nom ?*

Marie Saint Pierre : Changer de nom a un caractère très intime ; cela relève de la sensibilité, d'un rapport personnel à son identité, des résonances biographiques qui lui sont rattachées. Mais je l'ai d'abord fait pour une raison, disons, esthétique. Mon père s'appelle Charest et ma mère Saint-Pierre. Charest se transforme vite en Carette, en Charette, ce qui n'est pas très heureux quand on veut se faire un nom. Puis, en anglais, cela se dit plutôt mal. Et comme dès le début j'ai côtoyé des anglophones...

11

Quant à Marie-Josée, ce n'était guère mieux. De m'entendre appeler «Meri-Djosy» me faisait mal aux oreilles. Du reste, ma famille m'a toujours appelée Marie...

En adoptant le nom de votre mère, c'est sans doute à elle que vous pensiez. Quels étaient vos rapports avec vos parents?

Mon père est un homme très actif. Après sa carrière de médecin, il s'est transformé en restaurateur; il a une fort belle cave à vin, collectionne des œuvres d'art, en particulier celles de son ami Jean-Paul Riopelle, un temps il a eu des avions, des voitures... C'est un touche-à-tout qui aime l'aventure, le mouvement, la nouveauté, le risque. Il n'est pas reposant! Il adore s'entourer de gens un peu fous, qui aiment s'amuser, avec lesquels il passe des nuits à bavarder. Il a donc ce côté aventurier, libre, intraitable. En même temps, il tient de son éducation classique un côté très discipliné — c'est vrai que, pour réaliser tout ce qu'il a fait, il lui en a fallu de la discipline —, une ligne de conduite extrêmement rigoureuse; aussi loin que mes souvenirs remontent, il se levait à cinq heures du matin, travaillant à la fois dans cinq ou six cliniques, pratiquant en plus dans le grand Nord quand ce n'était pas à Vancouver. En le regardant aller, je me suis rendu compte que même la folie a ses exigences; on ne peut pas tout balancer sans réfléchir, il faut aussi assumer ses responsabilités. Ces deux facettes, celle de l'adulte responsable et celle de l'enfant échevelé, qui, à la fois, s'opposent et se nourrissent mutuellement, ont toujours représenté pour moi une image dynamique. Je suis comme mon père, aussi incapable de mener une vie strictement rigoureuse qu'une existence de simple plaisir. Mon équilibre dépend de cette harmonie.

Quant à ma mère, l'image que j'en ai est celle d'une personne très compréhensive, qui dégage beaucoup d'amour, de protection, de sécurité, de permanence, qui vous procure un sentiment de durée. Si mon père est plutôt soupe au lait — sauf avec ses patients car, avec eux, il est exemplaire —, ma mère, elle, est d'une patience infinie ; elle passe à travers tout. Elle a également un côté artiste, très sensible à l'art.

Je crois que j'ai hérité des deux...

Votre mère a été très tôt attirée par l'art, il me semble. Elle était un petit peu une enfant rêveuse et solitaire qui adorait rester dans sa chambre à dessiner. Elle connaît parfaitement l'œuvre de Riopelle ; il lui suffit d'un simple coup d'œil sur un catalogue pour se souvenir d'emblée des différents tableaux qu'il faisait à telle ou telle époque. Elle a une grande familiarité avec la production du peintre. Votre père a un caractère un peu plus « chien fou », il a surtout une effervescence naturelle dans ses réactions. Lui, il a été pour ainsi dire ébloui par l'homme Riopelle. C'est autour de cela que leur amitié s'est développée. Vous, vous avez retenu des deux.

Je pense que, pour mon père, Riopelle représentait tout ce à quoi il voulait accéder, une autonomie, une indépendance, et puis il lui donnait l'exemple qu'il est bon d'avoir du temps à soi pour se faire plaisir. On dit que la retraite, c'est de vivre ce dont on a envie au jour le jour. Sauf qu'il faut travailler avant d'y arriver. Riopelle, lui, était d'une certaine façon retraité depuis sa naissance, c'est-à-dire qu'il vivait, point. Le travail, pour lui, ce n'est pas du labeur, ce n'est pas chose que l'on fait pour rembourser une dette. Il travaille simplement parce qu'il a envie de le faire. Pour moi aussi, le travail n'a de valeur que s'il permet d'évoluer.

Ce n'est donc pas de l'aliénation...

Non, pas du tout. Il faut retrouver la beauté du travail, aimer d'amour ce qu'on fait. C'est fondamental.

Il y a des gens qui parlent de leur travail comme si une telle chose était indigne d'eux. Ils entretiennent une relation agressive avec l'employeur et le travail.

Puisque je suis mon propre patron, j'échappe tout à fait à ce sentiment de persécution. Ce qui ne veut pas dire qu'il n'y a pas de choses que je déteste faire... Mais c'est vrai qu'on rencontre souvent de ces gens qui voudraient déjà être à la retraite avant d'avoir commencé à travailler. On en trouve même parmi les étudiants. Ils considèrent l'apprentissage scolaire comme un abus de leurs forces, pour lequel ils méritent d'être récompensés. Ils quittent l'école avec l'impression que la société doit les payer tout de suite, que celui qui les embauche est forcément un exploiteur, si bien qu'ils risquent le *burn out* avant même de commencer.

Quand vous êtes devenue Marie Saint Pierre, est-ce le caractère de votre mère qui s'est imposé ?

D'une certaine façon, oui, c'est comme si j'assumais un aspect de ma personnalité plus harmonieux, plus doux, moins perturbé. Marie Saint Pierre convient mieux, je crois, au créateur, à quelqu'un qui cherche, malgré ses contradictions, un meilleur accord avec la vie.

Cela n'a pas toujours été le cas ?

Oh non ! Enfant, j'avais un côté sombre. Il faut dire que j'ai très tôt perdu ma sœur aînée. Elle avait six ans, moi quatre, quand elle s'est noyée accidentellement. Habituée à être toujours avec elle, à me faire dorloter comme un bébé, soudain je me retrouvais toute seule : même à mon âge, je savais qu'elle ne reviendrait pas. Pour mes parents, le choc était tellement dur qu'ils ne se sont pas doutés de ce que je ressentais. Puis avec la naissance de ma petite sœur, c'était moi l'aînée maintenant. Tout cela faisait de gros changements.

Après, il y a eu l'école, que j'ai détestée du premier jour. En partant de la maison, le matin, j'avais oublié d'enlever ma culotte de baby-doll avant de mettre ma jupe et le surveillant de la cour, quand il m'a aperçue, s'est mis à rire en me montrant du doigt. Ma première «leçon vestimentaire», je ne suis pas près de l'oublier!

Les choses se sont-elles arrangées en cours de route?

Pas vraiment. Même si autour de moi, je m'en rends compte aujourd'hui, on essayait de me donner confiance, je n'arrivais pas à croire en mes capacités. Je n'arrêtais pas de me demander qui j'étais et de m'interroger sur ce que je pourrais bien faire plus tard.

J'espère que cet état d'esprit ne vous a pas duré trop longtemps!

Heureusement, non. La mort de ma sœur m'avait imposé une maturité dont j'avais bien hâte qu'elle me serve à quelque chose d'agréable. Et je suis devenue sans remords une adolescente un peu indisciplinée. J'adorais sortir, être entourée de gens, de bruit, j'aimais le côté théâtre, jeu. Souvent, je ne rentrais pas de danser avant trois heures du matin. Je ne consommais pas d'alcool, ne buvant que du Perrier, et je n'ai pas non plus cédé aux paradis artificiels.

Je ne cherchais pas à m'évader, mais à m'amuser. J'aimais l'ambiance dérapante des bars la nuit, leur exhibitionnisme, leur côté spectacle, voyeur.

Vos parents vous laissaient une telle liberté ?

Pas vraiment parce que je sortais en cachette. En partant, je laissais un message sur mon lit, le rangeant sous le matelas le matin puis le ressortant au besoin, au cas où il arriverait quelque chose en mon absence. J'étais quand même responsable... Imaginez qu'il se produise n'importe quelle catastrophe et qu'on trouve ma chambre vide ! Cela était arrivé à une copine dont la maison a brûlé. L'incendie s'était déclaré en pleine nuit, et ils n'étaient pas parvenus à retrouver son frère, parce qu'il avait quitté sa chambre pour aller dormir au sous-sol, où il est mort asphyxié. Cette tragédie m'avait marquée.

Vers minuit donc, je passais tout doucement devant la chambre de mes parents en évitant les lattes du plancher dont je savais qu'elles risquaient de faire du bruit. Sitôt rentrée, je me déshabillais avant de remonter, avec des ruses de Sioux, dans ma chambre. L'après-midi, en revenant de l'école, je faisais la sieste, j'avais besoin de récupérer, pour pouvoir ressortir le soir... Mon père trouvait que je dormais beaucoup! Et comme il est médecin, il soupçonnait toutes sortes de choses. Déjà quand j'étais petite, il me traitait de paresseuse parce que je n'aimais pas l'école. Nos rapports ont longtemps été difficiles : je crois qu'il me voyait bien plus terrible que je ne l'étais. Cela dit, il est vrai que dès l'adolescence, j'ai commencé à vivre à grande vitesse. À partir du moment où j'ai senti que je pouvais prendre mon autonomie, j'ai profité de toutes les occasions. J'ai commencé à travailler, pendant l'été, à quatorze ans, et, à seize ans, je me suis payé deux mois de vacances en Europe. J'ai l'impression que j'ai fait ce que j'avais à faire quand j'avais à le faire.

Comme de devenir Marie Saint Pierre.

Il y a avec le nom que l'on porte un rapport d'identité, d'appartenance. Il y a une ambiance, quelque chose qui s'en dégage. Comme quand on choisit celui d'un enfant. Marie Saint Pierre faisait depuis toujours partie de moi — après tout, je suis la fille de deux personnes — et ce à quoi elle correspondait est devenu, un beau jour, absolument manifeste. Elle est devenue moi entièrement.

J'étais à côté de votre père quand vous avez présenté votre premier défilé en tant que Marie Saint Pierre. Je l'ai regardé pour voir sa réaction. Mais il a simple-

ment eu un petit mouvement de tête, comme pour avaler tout de suite sa surprise...

Peut-être qu'il a pris ça comme un pied de nez. Mais je pense qu'il a compris. Mon intention n'avait pas été de m'approprier un nom qui ne m'appartenait pas. Il fallait qu'il fasse partie de mes racines. Il ne suffisait pas d'en inventer un, au hasard, il fallait qu'il fasse partie de moi, que mon intégrité soit préservée. Le nom renvoie à la personnalité profonde.

Prendre un autre nom n'est d'ailleurs ni récent ni exceptionnel : les femmes ont longtemps eu à le faire en se mariant ; dans le monde de l'art ou de la littérature, c'est chose courante, pensez à George Sand ; et les religieux le font toujours : mère Marie des Sept Douleurs, père Chrysostome, etc. Le changement de nom est une pratique relativement commune. Quand je suis allée visiter les studios Paramount, à Los Angeles, on m'a raconté qu'un jour quelqu'un s'y était présenté en disant : « Je suis Charles Buchinski, comédien, et je veux travailler chez vous. » Son interlocuteur l'a regardé : « Charles qui ? Vous avez l'intention de faire fortune à Hollywood avec un nom pareil ? » Alors l'inconnu se retourne, lit le nom de la rue où il se trouve, et dit : « Appelez-moi Charles Bronson », avec le résultat que l'on sait. Ce changement de nom l'a fait devenir ce qu'il est devenu.

Changer de nom modifie notre énergie ; en

nous libérant d'un certain héritage, il nous pousse à en adopter un différent. L'identité qu'il nous procure va avec le rôle qu'on a choisi, et qu'on endosse alors comme un habit neuf. Ce changement signifie surtout que la personne que les gens ont connue jusqu'ici ne sera plus la même.

Vous dites que, jeune, on vous traitait de paresseuse. Ce n'est pourtant pas l'image que votre production ni que votre carrière projettent.

Paresseuse, cette étiquette je l'ai traînée toute ma jeunesse. La petite phrase «votre fille est intelligente, mais paresseuse» figurait régulièrement dans mes bulletins. C'est que j'avais l'impression de savoir déjà tout ce qu'on s'obstinait à me faire entrer dans la tête. À quoi auraient servi des efforts quand on m'apportait déjà du tout mâché?

Votre philosophie se dessinait déjà?

Ce n'est pas par la facilité qu'on évolue mais en affrontant les obstacles, en faisant face à des situations qui demandent une concentration et une énergie sans cesse plus grandes. Si on s'imagine pouvoir progresser en restant tranquillement chez soi à attendre que les choses aboutissent d'elles-mêmes, on se trompe. Voilà de ces notions que les médias véhiculent en ne montrant que des images très simplifiées du succès, le côté «glamour» de la chose, sans tenir compte de toutes les années de travail qui précèdent obligatoirement la réussite. On envie beaucoup plus la gloire que le chemin de la gloire. Vouloir arriver avant même d'être parti, c'est oublier qu'il y a un effort à fournir.

Les paresseux ne seraient-ils pas justement des gens qui travaillent pour oublier qu'ils travaillent ? Qui en font tellement qu'ils n'ont plus le temps de se rendre compte qu'ils sont en train de travailler ? Puis, le fait de savoir paresser ne nous permet-il pas d'atteindre des zones d'inaction absolue qui sont des reconstituants ?

Tout à fait. On voit souvent la paresse comme un défaut, c'est-à-dire quelque chose de négatif, alors que c'est un remède extraordinaire. Je connais, parfois, des périodes de paresse énorme, où tout est difficile à accomplir, où chaque geste pèse, sans en éprouver aucune culpabilité. Je sais que cette passivité est nécessaire pour tout ce que je vais donner après ; l'énergie est là, qui s'emmagasine tranquillement. S'il n'y avait pas de ces moments d'arrêt, je serais incapable de continuer, je serais toujours en dépense d'énergie. Inversement, je peux fonctionner pendant deux ou trois ans de suite sur l'adrénaline naturelle, tellement stimulée que même en vacances je n'arrive pas à dormir. Après quoi, je me tape une bonne cure de sommeil. Par exemple, quand je suis tombée enceinte, cela faisait un bon moment qu'à cause de problèmes d'insomnie, je

récupérais peu et mal. J'avais une sorte de bouli-
mie de mouvement : faire un saut en ville dès la
journée finie, puis rencontrer des amis pour un
dîner qui se prolongeait jusqu'au matin, puis ren-
trer travailler parce qu'on m'attendait... Dormir,
quelle perte de temps ! Et du temps, je n'en avais
jamais assez ! Pourtant, il m'arrive de rêver qu'un
jour je ne travaillerai plus, que je ne ferai plus rien
d'autre que la paresse. Cette idée d'arriver à n'avoir,
un jour, plus rien à faire me donne une énergie
extraordinaire. C'est peut-être quelque chose de ce
genre qui transparaît dans mes vêtements.

*Le fait que vos parents aient été des collectionneurs et
fréquentaient un monde d'artistes a-t-il influé sur
votre façon de voir les choses ?*

Mon milieu familial et son entourage étaient rem-
plis de gens qui se consacraient à leurs rêves sans
recourir à des moyens artificiels pour affronter la
vie. J'en ai reçu les armes qui rendent possible de
réaliser ses désirs pour autant qu'on y croie et qu'on
s'emploie à les concrétiser. C'est très jeune, au
moment où on a tout à apprendre : marcher, parler,
communiquer avec les gens, que la confiance en soi
se bâtit, à condition d'être soutenu par l'entourage.
Les manques qui proviennent de cette période-là
seront très difficiles à rattraper. Cela dit, il ne faut
pas non plus tomber dans le panneau des parents
performants qui veulent que leur enfant marche,

parle, écrive avant tel âge, etc. Ce n'est pas la performance qu'il faut stimuler, mais la confiance en soi. C'est, avec la sécurité, la chose la plus indispensable. Malgré nos différends occasionnels, mes parents m'ont donné les deux.

Ma sœur Danielle et moi avons toujours mangé avec les invités, à la même table que les Riopelle et autres qui passaient à la maison. On avait nous aussi le droit de parler, de nous exprimer, on était accueillies et, surtout, entendues. Quand on allait à l'atelier de Riopelle, on l'aidait à donner des titres à ses tableaux. Il adorait ça. Ce qu'on disait semblait être important pour lui puisqu'il nous écoutait. C'est fabuleux pour un enfant de penser qu'il peut, lui aussi, manifester sa différence dans un monde d'adultes, qu'il n'est pas seulement soumis à des règles, qu'il peut même, à l'occasion, divaguer. Les adultes qui m'ont marquée ne se privaient pas de divaguer, eux non plus, il faut le dire. Cela ouvre l'imagination. Riopelle encore, que j'ai connu très tôt, arrivait chez nous en disant : « Ah, n'allez pas à l'école aujourd'hui, faites l'école buissonnière. » Ou alors : « Vous allez faire du ski ? Moi, je vais faire du whisky ! » Après quoi, il nous donnait un billet de cent dollars pour qu'on aille s'acheter des bonbons à un sou. Avec lui, tout était toujours matière à jeux de mots, à amusement, à ironie. Et à défi. Dès que le lac « calait » au printemps, on se relançait pour savoir qui plongerait le premier dans l'eau glacée. Ma sœur, qui a failli devenir une professionnelle de ski nautique, sautait la première; je suivais, après avoir versé des bouilloires d'eau chaude sur mon territoire, et Riopelle arrivait bon dernier. Il prenait plaisir à partager nos jeux d'enfant. En même temps, c'était quelqu'un de très engagé dans ce qu'il faisait, de très passionné, qui a su traverser des périodes difficiles sans jamais sacrifier ce qui l'intéressait.

Jean-Paul Riopelle est important pour vous. La première fois qu'il est allé chez vos parents, vous étiez « la petite fille bien élevée, bien habillée, bien coiffée, les dents bien propres... » Il était à peine entré que vous y étiez allée d'un commentaire : « Mais tu t'es pas peigné! »

Dire qu'on nous avait obligées à nous mettre sur notre trente-et-un pour accueillir ce « grand » personnage, qui nous arrivait tout ébouriffé. Quinze minutes après les « présentations », ma sœur et moi étions assises sur ses genoux en train de lui peigner la crinière. Et on a eu un rapport privilégié avec lui à partir de ce moment-là. Avec lui, tout était constamment remis en question.

En somme, vos parents avaient invité chez eux le non-conformisme.

Mes parents n'étaient pas très portés non plus au conformisme, mais on a quand même eu une

24

bonne éducation. Je pense qu'on ne peut pas être vraiment anticonformiste si on n'a pas la notion de la norme. Dans la mode, par exemple, on ne peut pas réussir à déconstruire un vêtement, comme les Japonais ont pu le faire à un certain moment, sans d'abord savoir le construire. Les deux facettes sont importantes. D'ailleurs, toutes mes collections jouent sur cette tension entre ce qui est établi et quelque chose d'imprévu, donc d'anticonformiste.

À quel moment est né votre intérêt pour la mode ?

Je suis depuis toujours passionnée par les tissus. Jeune, déjà, j'avais plaisir à me fringuer, à fouiller les friperies, à combiner des morceaux pris ici et là. M'habiller différemment, c'était une façon de communiquer. J'ai commencé, en fait, par transformer des vêtements. Un jour, je devais avoir une quinzaine d'années, mon père m'a rapporté de Paris un grand carré de soie cousu aux épaules. C'était une pièce en forme de grand T, toute simple mais superbe. Je suis tout de suite tombée amoureuse aussi bien de la matière que de l'imprimé, un motif un peu africain peint à la main dans des tons de marron. Pas du tout des couleurs pour jeune demoiselle. Je l'ai enfilé un peu comme on se glisse sous une tente, et j'ai commencé à le modeler, à le draper, à l'utiliser pour des expériences de création. Je n'ai d'ailleurs jamais cessé de le transformer et je l'ai porté des centaines de fois, adaptant ma coiffure selon les circonstances. Cette façon de jouer avec une pièce de tissu relevait presque de la sculpture.

Cela m'a permis de réaliser combien j'aimais la matière, quel plaisir j'éprouvais à la mouler, à la travailler en trois dimensions. Je devais bien être un peu douée puisque chaque variation que je faisais subir à ma « robe africaine » me valait des compliments. Même dans les soirées de gala, je ne passais pas inaperçue, et comme j'étais un peu plus grande que la moyenne, cela me donnait encore plus de visibilité.

Je transformais presque toujours ce que j'achetais, mais c'est à partir de cette pièce de tissu, que j'ai toujours gardée depuis, que j'ai choisi de m'exprimer par le vêtement. Mon père ne le sait peut-être pas, mais c'est lui, en somme, le détonateur. Quoi qu'il en soit, ce n'était pas vraiment de la couture, encore moins de la création, mais plutôt du stylisme.

La couture est venue plus tard. Est-ce qu'on cousait dans votre famille ?

Ma mère, un peu, comme toutes les jeunes filles de son époque mais pas plus. Alors, quelques années avant de m'inscrire en dessin de mode, j'ai décidé, un été, de suivre quelques cours. Je n'avais pas la moindre idée de la façon dont on se servait d'une machine à coudre, et je ne savais pas plus comment tailler un vêtement. Qu'à cela ne tienne ! Lorsqu'on nous a demandé, pour le premier de nos travaux pratiques, de réaliser quelque chose d'aussi simple qu'une jupe droite unie — « rien sur le biais, pas de soie, pas d'imprimé ni de rayé ni de carreauté» —, je n'ai tenu aucun compte de ces recommandations et j'ai choisi avec une belle insouciance de réaliser un patron assez complexe dans une pièce de soie à carreaux. Après des heures passées à épingler mes carreaux, j'ai coupé dans le pli, ruinant d'un seul coup mes efforts et mon tissu ! La parfaite gaffe de l'apprentie... qu'heureusement le prof a su corriger. Mais j'avais relevé un défi et j'ai sûrement plus appris ce jour-là que pendant tout le reste de l'été. Je n'ai jamais été tellement du genre à obéir aux consignes...

Même chose à l'école de dessin. Notre premier travail en moulage consistait à reproduire une jupe choisie à notre gré dans un magazine. Moi, j'ai dessiné la jupe et, ce qui est extrêmement difficile à faire en moulage, je l'ai drapée. Malgré l'avis du professeur. Parce que, là aussi, c'était un défi.

Vous dites que vos premières expériences relevaient de la sculpture. À un moment, vous avez d'ailleurs pensé étudier en architecture. Quel cheminement scolaire avez-vous suivi ?

À la fin du secondaire, ma mère, qui voyait bien que la mode m'intéressait, m'a proposé de m'inscrire au collège Lasalle, mais, à l'époque, cela ne me tentait pas. Elle m'a alors conseillé de poursuivre mes études, ajoutant qu'il serait toujours temps d'y revenir si je changeais d'idée. Je suis donc allée faire mon cégep à Brébeuf en art et communication, puis j'ai décidé de m'orienter vers l'architecture en me disant que, pour une fille de médecin, un diplôme d'architecte ferait plus « digne »...

Sérieusement ?

... sauf que cette discipline n'était pas la mienne. Elle fut au fond plutôt un prétexte pour me rapprocher de la mode.

Avec quel résultat ?

Je suis tout de même partie à Paris, un peu à reculons, il faut le dire — j'avais été acceptée à l'unité pédagogique d'architecture de l'École des beaux-arts —, décidée à m'y consacrer pendant six ans, puis à faire ensuite trois années en dessin de mode. Mais des raisons personnelles m'ont ramenée au Québec six mois plus tard et je ne me voyais pas étudier l'architecture ici. Je trouvais l'enseignement qui se donnait à Montréal trop technique. Ce qui m'intéressait dans l'architecture, comme il ressort de la spécialité que j'avais choisie, c'était de remodeler des bâtiments existants pour leur donner une nouvelle vocation, de l'aménagement intérieur en quelque sorte. Je suis plutôt allée en arts plastiques : peinture, sculpture, dessin d'anatomie, à l'université de Montréal, pendant un an. Mais l'envie de devenir créateur de mode, qui est pour moi une manière de sculpture en mouvement, demeurait omniprésente. C'est là que j'ai décidé de m'inscrire au collège Lasalle, d'où je suis sortie trois ans plus tard avec une des bourses que le Fashion Group accordait aux trois meilleurs finissants de toutes les écoles de mode de Montréal. Et à peine sortie de l'école, j'ai commencé à faire des manteaux.

Quelles étaient vos références, côté mode, à ce moment-là ?

Le premier qui m'a vraiment touchée, c'est Courrèges, dans les années soixante-dix. L'éclatement des matières, des couleurs, l'emploi des synthétiques comme le skaï, avec quand même un traitement de la ligne net, carré, inspiré de sa formation en architecture... Il était peu connu ici, mais ma mère, avec son œil pour tout ce qui avait du cran, de l'audace, était revenue de Paris avec une valise pleine de ses vêtements.

C'était donc pour vous une surprise.

J'avais grandi avec la mode hippie, une mode de la rue ; un courant de pensée plus qu'une mode de création, d'ailleurs. On portait tout ce qu'on voulait, par exemple, un poncho mexicain sur une jupe trouvée dans une friperie et un pull Chanel, avec un penchant très marqué pour le rétro, ce qui avait du vécu et surtout pas le tout neuf sorti du magasin. On avait abandonné le royaume de la couture pour passer à un métissage de formes, de matières, d'époques.

Métissage dans lequel vous vous sentiez à l'aise ?

Bien sûr, comme tout le monde autour de moi.

Courrèges et Cardin, les premiers, ont coupé avec cette récupération, opposant leur vision très futuriste d'un monde presque chromé, aux formes géométriques très épurées et aux couleurs quasi technos : bleus crus, orangers très vifs, qui contrebalançait complètement tout ce qu'on avait aimé jusque-là. Ils ont remis les regards, le mien y compris, dans une perspective plus moderne.

Puis, dans les années quatre-vingt, les Japonais sont venus nous dire : « Attention ! Les plastiques, les imprimés high tech, la révolution technologique, ce n'est pas ça, la vie. » Ils ont bouleversé cet aspect structuré en amalgamant du synthétique à des matières naturelles, des textures modernes à d'autres nettement plus rustiques. À partir de ce mélange, ils ont conçu un produit entièrement nouveau où l'intérieur apparaissait à l'extérieur : le traitement du vêtement, la technique devenait apparente même pour l'utilisateur, les coutures ou la doublure sur l'endroit, les cols et les emmanchures déplacées. Leurs vêtements jouaient sur des volumes, souvent éloignés du gabarit courant, avec leurs proportions exagérées ou suggérées au niveau des hanches, des épaules, tout cela, en plus, dans l'absence de couleurs. Ils ont essayé de repenser le vêtement utilitaire en dépassant le simple côté stylisme pour lui donner une fonction plus abstraite et plus émotive, comme une sculpture...

Vous en parlez avec enthousiasme.

J'aimais déjà la mode, mais quand j'ai connu leur travail, j'ai commencé à voir que le vêtement, en se rapprochant d'une forme d'expression plus artistique, me touchait. C'est par les Japonais que j'ai fait le lien avec mes véritables aspirations. C'était très nouveau de rapprocher l'art des gens en leur faisant porter un vêtement qui leur attribuait une expression plus personnelle. L'aspect utilitaire de l'art, le double emploi des choses, cela aussi me ressemblait. Mon côté nord-américain, auquel je suis très attachée, s'y trouvait à l'aise.

Voilà, je crois bien, mes trois « nourritures ».

Vous semblez avoir développé assez jeune un esprit de synthèse. J'ai sous les yeux un article que vous avait consacré la regrettée Marie Laurier, une page tout entière du Devoir, *intitulé « L'architecte du corps ». L'article est accompagné d'une photo où on vous voit devant un vêtement de votre collection avec, à gauche, bien intégrée au décor de la boutique, une sculpture assez imposante, un corps de femme nue, signée Deborah Masters. D'un côté comme de l'autre, on est ici très près de la sculpture.*

La première fois que je suis entrée dans l'atelier de Deborah, je me suis retrouvée dans un environnement où j'aurais facilement pu vivre. Déjà à l'université, j'avais fait des projets de sculpture. Je me souviens en particulier de grosses masses de polystyrène que je travaillais comme de la pierre. Cela ressemblait à ce qu'elle fait : des femmes assez imposantes, costaudes, assurées avec, en même temps, une certaine tristesse, un sentiment de malaise qui s'en dégage.

Malaise ?

Je crois que nous, les femmes, souffrons actuellement de ce côté fort, de cette tendance à prendre sur nos épaules tous les rôles de la vie.

Je me souviens ainsi que, par respect envers un engagement, deux jours à peine après la naissance de ma fille Étienne, j'étais à New York pour un défilé. Cela a impressionné les gens, mais, moi, j'en ai souffert. J'aurais vraiment préféré être près d'elle à la maison que de passer pour une *superwoman*. Pour moi, ce qui compte c'est la création, et non de lais-ser entendre que je suis capable de tout faire.

La création, plus que le pouvoir ou la réussite sociale ?
J'ai l'impression que vous avez beaucoup investi dans
votre carrière, sans trop vous soucier de votre confort
personnel.

À la maison, nous vivions dans un certain confort
pas déplaisant du tout. Rien de semblable dans
mon premier atelier, rue Wellington, un loft sans
fenêtres avec toilettes à l'étage. Sauf que de pouvoir
vivre tous les jours au milieu de mes patrons, de
mes tissus, de mes machines à coudre louées et des
meubles qu'on me prêtait, c'était jouissif. J'aurais
vécu vingt-quatre heures sur vingt-quatre dans
mon « palace », avec son bel espace de mille cinq
cents pieds carrés, à deux cents dollars par mois, le
plus bas prix au pied carré à Montréal, chose très
importante pour mon budget. Je l'avais aménagé
comme un salon de couture où on pouvait voir
chacun travailler, ce qui donnait aux clientes l'impression de pénétrer dans un monde inconnu. Je
recevais certaines d'entre elles sur rendez-vous pour
m'aider à boucler les fins de mois, parce qu'en diffusion on doit investir un an avant que la marchandise
se retrouve dans les magasins, et attendre quelques
mois encore pour être payé.

Cela avant même d'être connue. N'était-ce pas difficile ?

La vie sociale un peu clinquante pas plus que la
reconnaissance commerciale ne me manquaient. La

reconnaissance, je la tirais de mon travail. Ce que je voulais, c'était de survivre dans l'industrie en tant que créateur, de prouver que la création avait sa raison d'être, qu'ici autant qu'ailleurs, elle était un « plus ».

Votre première collection remonte à 1987. Pourriez-vous nous renseigner un peu sur votre parcours ?

Au début, par manque de moyens financiers pour faire une collection complète, j'ai dessiné des manteaux, des cache-poussière et des robes enveloppantes. J'avais misé sur ces pièces maîtresses parce qu'on les porte souvent et longtemps, ce qui faisait de mes clientes les meilleures des ambassadrices. C'est à ces pièces polyvalentes, avantage auquel le portefeuille est sensible, que ma griffe doit d'avoir été remarquée.

Puis les clientes ont bien vite souhaité une collection complète : travail que j'ai abordé petit à petit dès ce moment-là. La première est sortie en 1989, et, depuis, chaque année, j'en crée deux nouvelles, auxquelles s'est ajoutée, en 1996, une minicollection pour enfants. Je garde une grande tendresse pour mes premières créations, mais j'aime des vêtements de toutes sortes. D'une manière constante, c'est ce qui mettra en évidence le visage, qui révélera le plus la personnalité, que je cherche d'abord. Pas juste le corps comme objet à couvrir. Et naturellement, d'une collection à

34

l'autre, les idées varient, tout comme les matières que j'utilise.

Vous avez assez rapidement obtenu un succès médiatique.

En effet. Deux mois après avoir commencé, on parlait déjà de moi aux nouvelles de dix-huit heures comme d'une griffe à suivre. J'ai été invitée à quatre émissions la même semaine ! C'était énorme pour une jeune entreprise qui vendait quelques manteaux par-ci par-là ! Puis je me suis dit que ceux qui parlaient de moi voyaient quelque chose de valable dans mon travail et qu'ils avaient envie de me donner l'élan nécessaire pour continuer.

En quatre-vingt-dix, après avoir gagné le prix Woolmark...

Puis-je vous interrompre le temps d'une parenthèse sur ce prix ?

Bien sûr, c'est un prix commandité par le Wool Bureau of Canada pour mettre en valeur le talent des créateurs de mode canadiens. Il s'agit d'une récompense honorifique qui vaut au lauréat une promotion à l'échelle du pays pendant un an.

Un fait qui vous amusera, peut-être. J'avais bavardé avec Carlos Ott, l'architecte canadien qui a construit l'Opéra-Bastille, lors du cocktail donné au Ritz le jour

de la remise du prix. Il s'y trouvait en tant que mem-
bre du jury et m'avait confié: « Le travail de Marie
Saint Pierre m'a accroché l'œil tout de suite.» Il y
avait retrouvé la touche architecturale. Maintenant,
revenons à nos... moutons.

Après avoir gagné le prix Woolmark, donc, on a
parlé de moi à travers tout le Canada. J'ai dû faire
quelque chose comme deux cents entrevues dans
les semaines qui ont suivi.

Ça doit pomper beaucoup d'énergie ?

J'étais tout de même avantagée par le fait que trois
années de reconnaissance médiatique continue
m'avaient rendue moins timide et m'avaient fami-
liarisée avec le milieu. Ayant eu la chance de rencontrer régulièrement les gens de la presse, j'avais
apprécié leur soutien. Heureusement, parce que la
pression inhérente à un prix de cette envergure
aurait pu, comme c'est souvent le cas — je pense à
ces créateurs qui disparaissent au premier succès
parce qu'ils paniquent —, jouer contre moi. Car les
exigences se font vite lourdes et les attentes se mul-
tiplient.

Des exigences de quelle sorte ?

D'un seul coup, il m'a fallu traduire tous mes communiqués en anglais, me mettre à la disposition des

médias : journaux, radios, télés, pour les entrevues et les séances photos, préparer bios, photos et communiqués en x copies, jouer les stylistes pour les magazines, en un mot orchestrer un bureau de presse, pour relever les innombrables défis de cette nouvelle réputation. Tout cela venant s'ajouter à un horaire déjà très minuté et au rythme fort chargé d'une petite entreprise sans beaucoup de moyens...

Vous donnez l'impression d'avoir bien assumé cette tâche ?

Quand on est un personnage public, il faut savoir parler aux gens. Et dans la mode, on a besoin d'être médiatisé. Il faut donc apprendre à communiquer ce qui nous semble important, puisqu'on nous offre les moyens de le faire. Peut-être les cours à Brébeuf m'y avaient-ils un peu préparée.

Quelle était, à cette époque, la situation au Québec ?

Écoutez, on a déjà de la difficulté à se reconnaître comme peuple, alors les créateurs! J'avais sous les yeux l'exemple de Jean-Paul Riopelle, je connaissais son cheminement, les difficultés qu'il avait eues. Alors moi, pauvre petite styliste... Souvent, chez nous, c'est avant tout le résultat monétaire qui impressionne; moi, ce qui m'intéresse, c'est l'accomplissement personnel. Réussir financièrement, c'est évidemment une nécessité, mais le talent est beaucoup plus important. Il est vrai que notre société est jeune, encore plus dans le domaine de la mode. Si bien qu'il y a beaucoup de confusion.

Ce qui crée donc une situation gênante.

Oui, dans la mesure où on ne verra pas la différence entre un produit de fabrication courante, comme celui qu'on trouve, par exemple, chez Gap, et un produit de création. Pas plus qu'entre l'étiquette Femmes de carrière et la griffe Giorgio Armani. Il ne s'agit pas d'un jugement sur la qualité mais d'une définition du produit. Globalement, les gens ne semblent pas comprendre ce qui distingue la haute couture, le prêt-à-porter de créateur et le prêt-à-porter de diffusion.

Même si ces choses, on peut les percevoir d'instinct, de petites explications nous seraient bien utiles.

Je vais essayer d'être claire. Disons que le vêtement haute couture est une création originale, taillée sur mesure pour une cliente unique, et cousue à la main selon les règles strictes édictées par la Chambre syndicale de la haute couture à Paris. Le prêt-à-porter de créateur, ce que moi je fais, est une création originale à diffusion limitée, qui s'inspire de certaines techniques de la haute couture, mais qui peut être usiné en plusieurs exemplaires. Quant au prêt-à-porter de diffusion, c'est, comme son nom l'indique, un produit qui s'adresse au plus grand nombre et se soucie, en conséquence, de style plus que de création. Ce genre de produit, moins coûteux à développer, peut être réalisé dans n'importe quelle usine du monde en quantités illimitées. Il peut être agréable, mais son but consiste d'abord à s'inscrire dans les tendances de la mode ou de la fonction pour laquelle il est conçu. Alors que dans un travail comme le mien, le soin donné autant à la création qu'à la réalisation du produit doit lui permettre de défier le temps. À cette échelle, le créateur se doit d'être constamment novateur et original.

Voilà, en effet, d'évidentes différences.

Pourquoi au Château, par exemple, trouvera-t-on des pièces relativement originales à trente dollars, alors qu'un vêtement chez moi en coûte trois ou quatre cents ? Le manque de connaissance dans le domaine fait aussi qu'on ne saisit pas bien les raisons de tels écarts dans les prix. Peut-être, à cet égard, les journaux ne poussent-ils pas assez leur travail ? On y trouve peu d'articles de fond qui parlent décemment de l'industrie.

Ce n'est d'ailleurs pas seulement une industrie...

Sûrement pas. Si la mode relève de l'industrie, elle

relève aussi de la culture. En France comme aux États-Unis, elle est même présente dans les musées, comme forme d'expression qui reflète l'esprit d'une société. D'ailleurs, autrefois elle s'appelait le « costume », dans le sens de mœurs, de mode de vie.

Malheureusement, la tradition vestimentaire au Québec semble mourir après chaque couturier.

C'est que les créateurs qu'on a connus et qu'on aimait bien ne sont plus là. Bien sûr, il reste des photos de leur travail, mais il n'y en a guère qui soient encore actifs. Le manque d'investissement est souvent un handicap insurmontable pour leur continuité. Ici, on se désintéresse au bout d'un certain temps de ceux qui font des collections alors que, partout ailleurs, on continue à suivre Yves Saint Laurent ou, même après leur disparition, Dior, Givenchy, Poiret ou Chanel. Puis, outre les grands noms, il y en a d'autres comme les Yohji Yamamoto ou Issey Miyake, dont les collections se vendent depuis une vingtaine d'années à travers le monde et qui sont encore à la fine pointe de la création... Notre manque de tradition, ici, ne nous facilite pas les choses.

Il faut donc continuer à travailler malgré cette absence ?

Une absence de tradition qui aboutit forcément à

l'absence de financement. L'une ne va pas sans l'autre. Si les choses meurent, c'est parce qu'on n'a pas eu envie de les préserver. Si on n'a pas envie de les préserver, c'est qu'on ne les considère pas comme rentables. C'est la finance qui décide au bout du compte de ce qui va être préservé ou non. Ce qui fait que, l'industrie du vêtement étant cataloguée comme un secteur mou par ceux qui ont l'argent ou le pouvoir de le distribuer, ses créateurs ne sont pas considérés comme des porte-parole importants de la société. Si on juge que la rentabilité est du côté de la technologie, ce sera la technologie; si c'est la pharmaceutique, ce sera la pharmaceutique. Je ne dis pas que la technologie et la pharmaceutique ne sont pas importantes et qu'il ne s'y fait pas des choses valables, mais je crois qu'on a tort de négliger l'aspect culturel, qui est de plus une bonne carte de visite pour l'étranger. C'est la façon la plus forte de manifester notre présence, d'affirmer notre singularité et de prendre notre place au niveau international.

À propos de passeport, j'avais apporté, lors d'un voyage à Paris, un de vos vêtements à ma filleule, qui travaille parfois comme hôtesse dans des congrès où on reçoit des étrangers. Un jour où elle le portait, quelqu'un s'est approché d'elle : « Ah ! c'est d'un Japonais ? » Elle s'est retournée : « Non, a-t-elle répondu fièrement, c'est un Marie Saint Pierre !» Moi-même, l'été dernier, lors d'une soirée pleine de femmes élégantes dans un jardin à la campagne près de Venise, on est venu me complimenter sur ma petite robe en lin, dont vous vous souvenez peut-être ?

Oui, c'était dans ma collection été 1995. Cela fait bien plaisir...

Vous êtes maintenant invitée à participer à des jurys. Que pensez-vous de la jeune génération ?

C'est délicat parce que j'en fais toujours partie. Je crois que ce qui nous opprime tous le plus, c'est l'obligation, en tant que créateurs, de porter, par manque d'argent, trop de chapeaux. C'est lourd et ça effraie. Donc forcément l'envie est forte de concevoir d'abord un produit qui puisse se vendre, ce qui entretient le dilemme entre survie et création.

La mode a connu un boum incroyable au cours des trente, quarante dernières années. Elle s'est démocratisée, diversifiée, internationalisée. Il y a même une mode de la rue. Quelle est votre opinion sur cet essor ?

La mode de la rue est une nouveauté. Auparavant, c'était l'élite qui décidait ce qui se porterait, et c'est à elle qu'on voulait s'associer. Aujourd'hui, les courants de pensée sont multiples, on ne veut pas forcément imiter la haute société. Chacun veut se créer un environnement qui lui est propre, avoir un statut particulier en accord avec ses moyens, sa philosophie, sa façon de penser et ses héros. Le vêtement traduit tout cela.

Les hippies des années soixante-dix, les punks des années quatre-vingt n'avaient ni les moyens et encore moins le désir de s'habiller comme leurs parents. La mode est vraiment devenue une façon de communiquer son originalité, son opposition ou son appartenance à tel ou tel groupe. Le vêtement a du coup été propulsé dans une direction nouvelle.

Grâce aux moyens de communication, la mode s'est en outre tellement internationalisée qu'on est tout de suite au courant de ce qui se passe à Londres ou au Japon. Les voyages ont largement contribué à cette nouvelle attitude. On ramène de l'étranger des objets, des tissus, aussi bien de l'Inde et du Tibet que de l'Amérique du Sud et autres contrées encore plus exotiques. Ce ramasse-tout aboutit à une mode qui se crée d'elle-même, par ses propres moyens, sans la dictature d'un créateur, d'un modèle, d'une célébrité et sans besoin d'un revenu considérable.

Tout le monde a soudain eu accès à la mode. Chacun a compris qu'il pouvait s'habiller différemment. Et de connaître en parallèle les collections, qui ont été médiatisées, à partir des années soixante, et tous les nouveaux créateurs qui, au début des années soixante-dix, ont commencé à faire de la création à côté de la haute couture, au même titre qu'elle mais sans ses exigences — donc plus accessible, sans toutefois aller jusqu'au prêt-à-porter de diffusion —, tout cela a incité les gens à se bricoler des vêtements, à se donner un *look* propre même avec de la quincaillerie ou du plastique. Des créateurs comme Courrèges, Paco Rabanne et d'autres ont introduit dans le prêt-à-porter des matières considérées comme non-nobles. Telle dame bien en vue portait des Courrèges faits de polyvinyle, et Paco Rabanne fabriquait ses robes avec des plaques de métal.

La création s'est donc diversifiée grâce à des matières autres que la soie ou les tissus traditionnels et coûteux, ce qui a aussi contribué à démocratiser la mode. On se souviendra des années soixante comme de l'époque où les codes vestimentaires ont complètement changé. Avant, d'une saison à l'autre, c'est la longueur de l'ourlet qui faisait le changement, et, soudain, on pouvait s'habiller d'un tuyau de plastique... Cette démocratisation a incité les gens à prendre plaisir à la mode chacun à sa façon. Cela n'est peut-être pas valable pour tout le monde, mais sûrement pour les jeunes, qui ont une conscience quand même particulière du vêtement parce qu'il les aide, même de manière passagère, à définir leur identité.

Ces changements vous ont-ils donné l'impression que les portes s'ouvraient à ceux qui ne venaient pas des maisons de couture traditionnelles ?

Absolument. Et cela s'est confirmé dans les années

quatre-vingt. À commencer par l'arrivée sur le marché des Japonais, qui se sont lancés dans la déstructuration du vêtement. On se retrouvait désormais avec des doublures en surface, et des manches cousues ! Ils ont remis en question la construction même du vêtement. Preuve était faite que la mode, ce n'est pas juste de la soie coupée dans le biais par un grand couturier...

Pour moi, cela a été un tournant. Et un défi, celui de trouver quelque chose qui parlerait encore. C'est, aujourd'hui, l'émotion qu'on injecte dans le vêtement qui fait la différence. On travaille maintenant en subtilité sur quelque chose qui nous est propre. Créer juste pour être à contre-courant ou pour amener du nouveau, ce n'est pas très intéressant. Proposer du nouveau, oui, mais à travers une vision particulière, un détail, une subtilité, une émotion, quelque chose de très personnel.

Diriez-vous que ce que les Japonais ont apporté, tout en étant très peu conformiste, était quand même inspiré de leur propre culture ?

Non seulement de leur culture, mais aussi de la haute couture, à l'époque où on y retrouvait beaucoup de folie, où on s'y inspirait de toutes sortes de courants, mais des courants maîtrisés. Ce n'était pas juste une rébellion pour la rébellion. La mode exige, bien sûr, des changements, du renouveau, mais ce n'est pas la nouveauté qui doit être la motivation du travail, c'est le désir d'évoluer. On accuse injustement la mode de faire du neuf juste pour le plaisir de faire neuf.

Trouvez-vous l'accusation un peu « usée » ?

C'est vrai que, par moments, cela semble répondre aux exigences de l'industrie ou du commerce. Mais il y a aussi une évolution à laquelle l'industrie de la mode n'échappe pas. C'est tout de même un secteur où on remet son travail sur le métier de façon très rapide. On ne jouit pas longtemps de l'usufruit. Je l'ai choisi à cause de ce côté marathon. La société en général ne veut pas bouger, pas bousculer ses acquis alors qu'en mode, on n'arrête pas de faire un trait sur ce qu'on vient de réaliser pour se renouveler. Ce renouvellement constant, ce n'est pas de faire impérativement du neuf, mais de chercher une façon plus pointue de s'adapter au pouls du moment que l'on vit. Moi aussi, j'avais ce genre de préjugé il y a quinze ans, mais je me rends compte que c'est la discipline constante, le défi toujours présent parce qu'il va se renouveler très vite, car il n'y a pas de recettes. Dès qu'on ne correspond plus, ça se voit. Et dès le moment où notre collection descend dans la rue, elle ne nous appartient plus. Cela conserve à la création une grande spontanéité, car l'acquis ne nous sert à rien. C'est aussi une des seules disciplines où ce que l'on trouvait laid hier va sembler beau aujourd'hui, et quand je dis hier, je ne parle pas d'une époque mais de tout de suite, avant toute intervention extérieure.

En somme il faut intérioriser l'évolution de son domaine pour définir son style ?

Son style, oui, ce qu'on a à dire. Parce que si on n'a rien à dire, pas d'émotions à transmettre, on pourra travailler ou retravailler ce que les autres ont fait, améliorer, rajouter, mais tout cela sera sans intérêt. Il faut en priorité arriver à faire évoluer notre industrie. Peu importe la façon dont on s'y prend, il y a là comme un devoir, celui d'amener quelque chose de sain et de nouveau dans l'art vestimentaire.

En 1990, votre collection était un peu inspirée des vêtements que vous portiez quand vous étiez couventine. Comme si vous aviez intégré vos expériences personnelles.

Oui, sans doute. Peut-être éprouvais-je l'envie de déplacer, sur le plan des émotions, cette éducation assez stricte et conventionnelle qui avait été la mienne, sans pour autant aller simplement à contre-courant en dessinant des micro-minijupes pour m'opposer à une éducation en uniforme. Je voulais, en m'inspirant de l'uniforme, transformer un vieux souvenir en quelque chose d'intégré dans un processus créateur. Donc partir d'un connu que je maîtrisais, que j'avais eu la chance d'observer pendant longtemps, pour aller vers l'étape suivante. Il s'agissait là d'une démarche personnelle. J'avais d'ailleurs passé ma jupe aux ciseaux pour ma dernière journée de couvent!

En 1994, vous disiez vouloir offrir « un produit de qualité correspondant aux critères internationaux ».

J'avais vite compris que je m'adressais à une clientèle très ciblée et que je devais ouvrir des horizons.

Une clientèle de votre époque et non de votre village.

Je trouvais nécessaire d'aller à l'extérieur pour bien évaluer l'envergure de mon entreprise et mesurer mon potentiel. J'y suis allée presque à titre d'apprentie et, là, je me suis rendu compte que ce potentiel était plus grand que je ne le pensais.

Votre première expérience à l'extérieur, ce fut New York, je crois ?

Oui. Elle a eu lieu assez tôt, en 1989, un an et demi après mes débuts. C'était au salon La Coterie, où, pour la première fois, une Québécoise était invitée.

À partir de quels critères ?

En présentant des « griffes » sélectionnées par un jury. Ce fut le début de mes rencontres avec la presse internationale : *Vogue, Glamour, W*, et avec les grands magasins comme Sack's, Barbey's. Un bel endroit pour mesurer l'impact de mes créations.

Je suis ensuite allée à Paris où j'ai revécu une expérience identique, et j'ai depuis participé à divers salons internationaux, à côté de maisons célèbres mais aussi de jeunes créateurs comme moi.

Quels sont, parmi ces événements, ceux qui ont été les plus importants pour vous ?

Je crois qu'il faut commencer par expliquer ici qu'il y a dans notre domaine deux sortes d'événements différents. Un événement commercial, le salon ; et un événement promotionnel, le défilé. Pour tout créateur, le plus important, c'est le défilé où tout, le mouvement, le maquillage, les coiffures, la musique, exprime l'attitude qu'il prône, exprime sa vision onirique, généreuse, de ce qui pour lui devrait émaner de la femme.

Généreuse ?

Si, parce qu'il met toute son énergie et son imagination au service de l'idée pure, de ce qui est en fait le cœur de sa pensée, qu'il transpose sur scène avec une liberté entière. La présentation d'un défilé n'a aucune connotation commerciale en soi, même si les acheteurs sont invités. C'est un spectacle duquel découleront les vrais vêtements, ceux qui seront portés par de vraies femmes dans la rue. Il ne s'agit pas d'une « parade de mode », avec des modèles qui seront vendus tels quels, mais d'un spectacle destiné à plonger les gens dans l'ambiance, dans l'émotion. Pas forcément réaliste, mais conçu d'abord pour faire sentir les émotions à partir desquelles on crée.

Et le salon ?

Le salon, lui, est la validation du potentiel de chaque pièce de vêtement dans l'esprit qui est apparu au défilé et qui est, là, rendu, mis à la disposition de son destinataire.

Les défilés seraient donc, pour un créateur, le summum de son expression. Mais sorti de ces absolus, il doit tout de même en attendre des résultats concrets ?

Jusqu'ici, mes deux défilés solo à l'étranger, à Paris en 1995 et à New York l'année d'après, sont les plus importants moments de ma carrière. À Paris, on retrouve maintenant ma griffe aux côtés de celle de Yamamoto à la Boutique l'Éclaireur, et de celle de Dries van Noten chez Maria Luisa.

Et à New York ?

En commentant le *Seventh on Sixth,* auquel participaient tous les grands noms actuels, la journaliste du réseau CNN a dit que mon défilé était le plus créatif de la saison.

Vous n'avez jamais pensé vous installer ailleurs, à Paris par exemple ?

J'y ai eu du succès tout de suite, mais j'avais d'autres ambitions. Je voulais réussir ma vie en tant que femme, en tant que mère, en tant qu'entrepreneur et créateur, ce qui m'obligeait à faire des choix. J'aurais pu m'établir à Paris, où les choses se présentaient très bien pour moi. Sans parler de l'attrait de la « Canadienne à Paris », pour les Français...

J'avais l'expérience des médias, j'étais capable de me discipliner, mon produit était dans les meilleures boutiques, on l'aimait bien. Tout aurait donc pu se passer comme dans les livres. D'autant plus que les circonstances faisaient que j'étais bien pistonnée dans le milieu : mon père évolue maintenant dans le monde du vin, et on sait qu'en France ce domaine est étroitement lié à la haute couture, qu'ils se renvoient l'un l'autre l'ascenseur. On retrouve les mêmes investisseurs dans le vêtement et le design de mode que dans les sociétés de champagne, de grands crus, de cognac, c'est-à-dire dans l'industrie de luxe. La France étant demeurée le cœur de la création mondiale dans le domaine de la mode — parce que, dans ce pays, on lui fait une place de choix —, l'heureuse coïncidence des

activités de mon père me valait des entrées privi-
légiées.

Pourtant, ce n'est pas cette direction que j'ai
choisie. Parce que j'ai vu, en même temps, un peu
ce qu'était la mécanique du *star system*... Et cet
univers ne me convient pas, ne correspond pas à ma
nature. Oui, je m'occupe des relations de presse,
oui, je fais des entrevues, et je crois le faire correcte-
ment. Mais ça ne me donne pas de frissons. Moi, ce
qui m'en donne, c'est d'être dans mon atelier à
toucher des matières, à choisir des boutons, alors
que si on devient une star, on est presque à la
remorque de ceux qui écrivent sur vous, ce qui est,
en soi, un travail à plein temps. Quoi qu'il en soit,
je n'avais pas envie de déménager à Paris. J'avais
envie de fonder une famille, et Paris ne me semblait
pas l'environnement idéal pour un enfant. Ce n'est
tout simplement pas une ville où je vivrais. Et puis,
à Montréal, j'avais tout de même déjà fait du travail,
j'avais ma boutique, mon équipe. Laisser tomber
tout cela et recommencer ? Pourquoi ? Si je m'installe un jour à Paris, ce ne sera pas comme star,
mais comme créateur.

Vos racines sont naturellement ici ?

C'est d'elles que je m'inspire. Les synthèses que je
propose, je ne les trouverais pas ailleurs.

Vos vêtements ont leurs points de repère ici ?

Les saisons, le climat, sont des sources d'inspiration, notre mode de vie nord-américain aussi. Pour nous, Québécois, le fait de baigner dans une mer anglophone nous pousse à exprimer peut-être de façon plus précise ce que nous sommes, à faire plus attention à ce que nous disons, aux mots que nous choisissons.

Même chose pour le vêtement. Nous vivons dans le royaume du jogging et du T-shirt, deux phénomènes, je crois, typiquement nord-américains. C'est peut-être de là que vient l'aspect confort, pratico-pratique, polyvalent, de mes vêtements, qui n'ont absolument pas le style haute couture.

J'ai l'impression que si j'ai quelque chose à faire, c'est ici même que j'y arriverai. C'est ici, très ancrées, que sont mes racines. Cela ne m'empêche pas de voyager mais c'est ici, j'en suis profondément convaincue, que mon travail doit se dérouler. Déménager ne fait pas partie de mon plan de carrière. Si je m'en étais tenue aux opportunités d'affaires, j'aurais facilement pu partir. Cela dit, si un jour cela doit se faire, cela se fera.

Il y a donc en permanence, chez vous, le désir de donner une image de marque du design québécois.

Oui, je sens cela comme une sorte de mission, peut-être. Je trouve que les choses bougent difficilement ici, qu'on est souvent craintif. Je veux d'une certaine façon donner l'exemple, le souffle, l'espoir qu'on peut, en tant que créateur, continuer à vivre sur place ici tout en se faisant connaître ailleurs, qu'on n'a pas forcément à s'expatrier en Europe pour survivre. Riopelle s'est exilé pendant longtemps. C'est comme si, moi-même, je n'avais pas besoin de vivre cela.

Par ailleurs, il n'est pas indispensable d'entrer dans le *star system* pour faire carrière. Bien sûr, on peut s'y intégrer. En ce qui me concerne, cela aurait probablement été très lucratif. Sauf que cela aurait été contraire à ma recherche fondamentale, à moi, qui suis de nature fort indépendante. J'ai peut-être aussi eu la chance de ne pas avoir, comme d'autres, à m'expatrier. À une certaine époque, à Paris, j'ai eu une attachée de presse qui ne cessait de me répéter « vous devez vous rendre à telle ou telle soirée ». Je la laissais dire puis, à la dernière minute, je trouvais n'importe quelle échappatoire. Migraine, fatigue, j'avais toujours une excuse. Ces soirées mondaines, qui font partie des événements de mode, ce n'était pas mon affaire. Je préférais retrouver des copains et manger avec eux dans de petits restaurants de quartier. Ici encore, je me sentais proche de Riopelle, qui restait au bistro du coin lors de ses vernissages.

Au bout de deux ans, j'ai fini par accepter une de ces invitations. C'était pour le cocktail donné par *Vogue*. Il y avait là, entre autres, John Galiano, que j'admire beaucoup et dont je suivais le travail depuis l'époque de mon premier voyage à Londres. Galiano était alors, tout comme moi, un jeune créateur vendant tant bien que mal dans quelques boutiques. Il commençait seulement à percer et se demandait — on était deux jours avant l'événement — comment payer son défilé et ses mannequins ! Cela ne l'a pas empêché d'affronter avec désinvolture cette réunion du gratin. Ma réaction à moi aurait été de me terrer dans ma chambre d'hôtel à chercher de tous les bords une solution.

Est-ce qu'il a réussi, ce garçon ?

Plutôt bien ! C'est à lui que Dior a fait appel pour prendre la relève de Gianfranco Ferré, à la tête de la maison. Avec du talent, les choses marchent forcément. Les employeurs ne sont quand même pas stupides au point d'investir dans quelqu'un qui en est dépourvu !

Dans votre cas, déjà vous ne vendez plus uniquement dans vos murs. On retrouve vos produits dans plusieurs boutiques au Québec, au Canada, à Paris.

Oui et ailleurs... Au Koweit, en Arabie Saoudite. Ma priorité n'est toutefois pas d'avoir beaucoup de clients mais de travailler plus en profondeur avec chacun. Je préfère une boutique qui propose une vraie gamme Marie Saint Pierre à celles qui vont occasionnellement vendre une pièce.

Ce serait donc de vous y faire une clientèle par le bouche à oreille, à travers les points de vente qui vous représentent bien, plutôt que de vous éparpiller ?

Tout à fait. J'aimerais que l'acheteuse sache qui je suis, qu'elle comprenne ma démarche créatrice. C'est donc dans cette perspective que je réfléchis à la possibilité d'ouvrir d'autres boutique ici et à l'étranger.

Jusqu'à récemment votre boutique était rue Saint-Denis. Elle est maintenant rue de la Montagne, au centre-ville en effet. Pourquoi ce déménagement ?

J'avais bien peu d'expérience dans le domaine du commerce lorsque je me suis installée rue Saint-Denis, en 1991. J'avais aménagé une boutique genre atelier, une petite maison de couture, où on devait sonner pour se faire ouvrir. Les années que j'y ai passées m'ont permis de me familiariser, à la fois, avec la clientèle et avec le monde du commerce. C'est dans ce lieu protégé que j'ai fait mes classes. Cinq ans plus tard, je me suis sentie prête à affronter un public plus large en m'installant dans une boutique dont les larges vitrines donnant sur la rue offrait plus de visibilité à ma création. Rue de la Montagne, la cliente n'a plus qu'à pousser la porte pour entrer, c'est moins intimidant que la rue Saint-Denis, où il y avait déjà l'escalier à monter.

Est-ce vous qui avez inauguré la rue Saint-Denis comme lieu de présentation des vêtements des jeunes créateurs québécois ?

Pas tout à fait, puisqu'il y en a eu quelques-uns dans les années soixante-dix. Ensuite, dans les années quatre-vingt, Revenge, qui regroupe plusieurs créateurs, s'y est installée. Mais comme boutique individuelle, parmi les membres de ma génération, oui, j'ai été une des premières. Puis d'autres sont venus. Que des créateurs se soient pris en main et aient ouvert leur propre boutique a sûrement marqué un pas important dans la diffusion du design québécois.

Le fait de s'installer dans un quartier abordable, où l'énergie correspond à ce qu'on a à offrir et où il y a une bonne perspective de clientèle sans toutefois que le volume des ventes dépasse la capacité de production, a aidé chacun de nous à comprendre que le commerce était chose possible.

Pour la rue de la Montagne, je me suis fait un raisonnement similaire : j'étais mûre pour une aventure qui, dépassant le marché régional, s'ouvrirait sur le monde par le biais de ceux qui passent à Montréal. Dans ce sens, j'essaie de convaincre d'autres créateurs québécois, qui, ayant atteint une certaine maturité, risquent moins de devoir fermer faute de ressources, de venir s'y installer également. Peut-être que cela se fera rapidement. Pour moi en tout cas, la rue de la Montagne reste une artère très importante, où rétablir une dynamique de centre-ville.

Il faut dire que ce quartier a un peu souffert de son succès. Dans les années soixante-dix, quatre-vingt, on y allait volontiers. Puis, la récession des années quatre-vingt-dix est arrivée, qui a vu disparaître nombre de commerces. Géographiquement parlant, la rue de la Montagne demeure quand même, avec ses hôtels tout proches et ses grands magasins prestigieux, le cœur du Montréal touristique. Il n'y a donc pas de raison qu'elle ne se ressaisisse pas. Elle est prête pour un nouveau départ, pour reprendre la place qui est la sienne.

On imaginerait difficilement, à Paris, la rue Saint-Honoré, si importante pour les activités commerciales et touristiques, laissée à l'abandon. Les rues qui l'entourent se sont peu à peu spécialisées en art, en musées, en galeries, et c'est bien. À Londres, Soho continue à exister parce qu'il y a des magasins, des restaurants, de la circulation. Il faut tout cela, toute cette activité urbaine intense, pour qu'un quartier culturel prospère. L'art doit s'intégrer à la vie. Et comme même le marché de l'art se referme, il est temps de revitaliser les choses avec une forme de créativité peut-être plus accessible.

Pour votre entreprise, c'est une nouvelle étape, du point de vue commercial, en tout cas. La boutique n'est d'ailleurs pas très loin des grands magasins, dont quelques-uns vendent vos vêtements.

L'essor commercial, ici comme ailleurs, s'inscrit fatalement dans la trajectoire de la création. La mode ne peut pas vivre si elle ne se vend pas, et il faut se donner les moyens de la vendre. Un tableau gardera sa valeur même si personne ne l'achète; cela n'est pas possible pour la mode. Un vêtement vaut à son époque. Il pourra avoir un jour une valeur historique, mais il n'a aucune valeur de revente ou d'échange à sa sortie.

Quant aux grands magasins qui offrent mes produits, ce que vous dites n'est pas tout à fait exact. Ogilvy, par exemple, n'en vend pas; Holt Renfrew si, mais occasionnellement. Leur clientèle recherche surtout des griffes reconnues internationalement ou, à tout le moins, hautement publicisées.

Est-ce que cela vous incommode ?

Pas du tout. Il faut assurer la base avant de s'occuper de l'image. La presse se travaille plus tard, inutile de lui courir après. Un journal de Paris, par exemple, pourrait difficilement me consacrer un article, puisque mes collections ne sont pas de façon régulière dans les boutiques, là-bas. Ici, les grands magasins voisins en viendront peut-être à assurer une permanence à mes produits, mais en même temps ce n'est pas là leur mission. Ce ne sont pas des découvreurs de talents, ce sont des grandes surfaces à rentabiliser. S'ils achètent du Donna Karan, une griffe soutenue par des campagnes publicitaires de plusieurs millions, c'est qu'ils n'ont pas de problème à en vendre.

L'association des commerçants du quartier où je suis maintenant installée espère, cependant, que d'autres créateurs viendront me rejoindre, pour ne pas offrir uniquement les produits bateaux qu'on retrouve dans tous les centres-villes du monde, mais qu'il y ait des signatures dans notre rue. Les hôtels pourraient plus facilement diriger leurs clients vers les boutiques susceptibles de les intéresser. On ne peut pas se reposer uniquement sur une clientèle fidèle, il faut aussi des clients qui ne connaissent pas l'entreprise, qui n'en ont jamais entendu parler, mais qui auront plaisir à la découvrir.

Justement, vous n'avez pas que des clientes québécoises ?

Non, elles viennent d'un peu partout. Le Festival des films du monde, par exemple, amène de nouveaux visages à la boutique. Et tous les événements culturels importants qu'on présente ici. Je pense aussi à cette jeune femme, attachée à la chaîne MTV de New York, qui vient chaque printemps s'acheter quelque chose chez moi — elle aimerait bien, elle, que j'aie une boutique à New York! Avec mon installation, rue de la Montagne, je me suis vraiment rapprochée d'une clientèle internationale, qui passe souvent en coup de vent à Montréal.

Mais il y a aussi des hommes — j'en ai vu — qui viennent à la boutique !

Oui, quand ils veulent faire un cadeau à leur femme. C'est souvent eux qui amènent leur compagne à la boutique et c'est amusant de les voir alors, avec toutes leurs suggestions, se transformer en styliste. Mais ils viennent aussi seuls pour faire des cadeaux surprises. Et ils ont, en général, ici aussi, une idée bien précise de ce qu'ils veulent.

Il y a une chose qui me frappe beaucoup chez vous, une qualité qui semble rarissime ici, très peu encouragée par la société et l'éducation : l'ambition.

L'ambition, en effet, est très mal vue. C'est ce qu'on appelait autrefois un péché. Cette connotation négative vient de ce que, malheureusement, on la confond avec l'appât du gain. L'ambition ne relève pourtant que de l'évolution personnelle et elle n'a rien à voir avec le désir d'arriver ou de s'enrichir. Il faut ignorer sa propre force intérieure pour la condamner. Quand je voyais une femme vaquer à mille tâches tout en ayant un bébé dans les bras, j'avais l'impression que je ne pourrais jamais arriver à en faire autant. Puis, avec la naissance d'Étienne, graduellement j'ai appris. C'est un peu à cet entraînement que, souvent, on refuse de se soumettre; on voudrait arriver avant d'être parti. Alors on valorise les raccourcis, comme de

faire croire aux jeunes qu'il suffit d'un diplôme
d'études collégiales, pour devenir, par exemple,
designer. J'en ai reçu qui venaient demander du
travail : ils se voyaient tout de suite avec un salaire
de cinquante mille dollars alors que j'en gagnais,
moi, à peine quinze mille. Ils planifiaient l'achat
d'une voiture neuve, alors que la mienne était
vieille et rouillée; ils s'apprêtaient à assister aux
défilés à Paris deux fois par année, alors que je ne
pouvais pas toujours y aller, même une fois... La
méprise était complète.

Deuxième partie

UN DIALOGUE AVEC LA MATIÈRE

Paquerette Villeneuve : *La mode est souvent associée à la frivolité, au superficiel, à l'éphémère. Pourtant de grands écrivains, Baudelaire et Mallarmé notamment, en ont mis en évidence la signification profonde, ce qu'elle révèle de la vie, de la société, de ceux qui l'adoptent et de ceux qui la font. Comment expliquez-vous ce paradoxe ?*

Marie Saint Pierre : Peut-être, comme on y a déjà fait allusion, parce que le terme mode désigne d'une part une industrie, c'est-à-dire un monde parfaitement structuré avec de nombreux produits dérivés et un appareil publicitaire de soutien, et qu'il se réfère en même temps à un travail de création.

La création à elle seule étant devenue difficile à rentabiliser, il a fallu chercher à en extraire d'autres sources de profits. Voilà pourquoi, aujourd'hui, des grands créateurs tels Yves Saint Laurent, Christian Dior, Chanel et autres ont donné naissance à de véritables empires financiers. On propose sous leur nom une gamme très étendue de sous-produits divers : bijoux, maroquinerie, maquillage, parfums, draps, etc., dont la médiatisation assure le succès.

La médiatisation joue donc un grand rôle dans votre domaine ?

La mode a bénéficiée de beaucoup de promotion en faisant des défilés. C'est de cette façon qu'elle est sortie de l'élitisme... Le spectacle, les vidéoclips, les mannequins n'ont peut-être pas servi le vêtement de façon spécifique, mais ils l'ont fait pour l'industrie en général. Sauf, qu'il y a eu des malentendus en cours de route, et ces malentendus sont bien longs à se dissiper.

Comment cela est-il arrivé ?

Les défilés, à l'origine, s'adressaient à un public restreint : presse et acheteurs. Avec le progrès des communications, ces outils spectaculaires de la mise en marché, ils se sont soudain retrouvés sur les ondes sans autre explication que des images, que le public a prises pour argent comptant. Comment aurait-il pu deviner que, si un créateur présentait des seins nus au cours d'un défilé, cela relevait d'un état d'esprit, d'un joyeux éclatement, qui a sa place naturelle dans un spectacle, et non d'un élément destiné à figurer dans sa collection ? C'est là qu'a commencé la saga des mannequins, sacrés vedettes au détriment du vêtement, puisque c'est sur leurs épaules que reposait en partie le succès du spectacle, que c'était d'eux qu'émanaient désormais les canons de la beauté.

Ce phénomène a conduit tant de femmes à vouloir leur ressembler, même si c'était là une idéalisation au-dessus des moyens physiques du plus grand nombre d'entre elles. Cela n'est d'ailleurs nullement souhaitable, chacune ayant plus à tirer d'être soi-même que la pâle copie de fantasmes dans le vent.

Voilà une situation pour le moins ambiguë...

Bien sûr, plus on parle de la mode, mieux c'est, et bien des gens se sont ainsi familiarisés avec un phénomène qui leur était resté jusqu'alors étranger. Quant aux créateurs, ils ont vite compris les avantages qu'il y avait à tirer en jouant le jeu du sensationnalisme, de la provocation et de l'érotisme facile. Celui dont la collection faisait le plus grand tapage sortait grand vainqueur, mais les autres ne se débrouillaient pas mal non plus. Le vêtement n'était guère qu'un prétexte dans ces extravaganzas, et nous, leurs concepteurs, étions devenus de moins en moins importants. Ce que les médias s'arrachaient d'abord, c'étaient les photos des *top models*. Parce que les défilés ne ciblaient plus la clientèle des vêtements de créateurs, mais le vaste public des consommateurs susceptibles d'enrichir les empires financiers en achetant les sous-produits.

Est-ce que la clientèle était influençable au point de suivre ?

Pas vraiment. Le succès médiatique d'une collection ne garantit pas son succès commercial. Même si les médias ont une influence sur les habitudes d'achat des consommatrices, aujourd'hui la cliente peut aussi être influencée par son engagement social. Pour elle, un dollar équivaut à un vote : quand on dépense un dollar chez quelqu'un, c'est qu'on est d'accord avec sa démarche. Si ses activités ne correspondent pas à notre philosophie, on investira ailleurs. Si, en revanche, on sent qu'un créateur est sur la bonne voie, qu'il est en train de construire, qu'il essaie de changer les choses, qu'il prend des risques, on sera peut-être plus porté à l'encourager. Quoi qu'il en soit, dépenser un dollar, c'est voter pour quelque chose. C'est même une des seules façons d'exprimer son opinion, aujourd'hui, en tant que citoyen. On choisit d'investir dans ceux en qui on a confiance, ceux dont le produit a pour nous une signification, et non juste pour un bien-être immédiat, qui ne durera d'ailleurs jamais très longtemps. Quand il n'y a pas de fondement à ce qu'on achète, le plaisir prend fin dès qu'on met son argent sur le comptoir. Voilà pourquoi je crois que tout le monde voudrait acheter ce qui a une valeur émotive, qui dure, qu'on a plaisir à montrer, à porter.

C'est pour cette raison qu'il est à mon sens important d'en revenir au sens de la durée, de la responsabilité. Ces dernières années, avec la mondialisation, on a eu l'impression d'être devenus de simples pions pour l'industrie, que tout se décidait à une autre échelle. Moi, je refuse. Je suis un individu responsable, et si je décide que je n'achète pas, c'est le plus grand non que je puisse opposer à une compagnie; si sa politique ne me convient pas, je n'investirai pas en elle. Avec les sous qu'il dépense, le consommateur devrait prendre conscience du pouvoir dont il dispose sur ce qui doit durer et ce qui ne durera pas. En tant que client, on peut décider où notre économie s'en va et vers quoi on va pousser nos achats. Mais il faut être informé quand on achète. Voilà pourquoi je pense que la presse a pour mandat de traiter les vraies questions, pour aider les gens à faire des choix, et non pas juste pour éveiller en eux le désir artificiel d'adopter des produits parce que tel mannequin en fait la promotion. Il faut se poser toutes les questions liées à notre rôle de consommateurs.

Aujourd'hui la démarche globale s'éloigne de ce tape-à-l'œil pour aller plutôt vers une authentique démarche de création. Avec la démocratisation de la mode, on a vu apparaître des articles de fond sur le sujet. L'engouement a dépassé les magazines spécialisés; d'autres publications lui font maintenant une place, qui essaient d'en parler plus en profondeur. Après la saturation, on est revenu à un discours plus positif. Je suis maintenant capable d'expliquer la mécanique de l'industrie et on y prête l'oreille. La mode se sert utilement de son passé.

Après avoir longtemps encensé la minceur, on a compris qu'il n'était pas nécessaire pour une femme de trente-cinq ans, et il y en a beaucoup parmi mes clientes, de ressembler à une asperge. On s'intéresse à des perspectives moins frivoles, maintenant. Autant je me sentais agressée, comme femme et comme créateur, par ces outrances, autant, grâce à cette évolution, je vois les médias comme la courroie nécessaire pour faire connaître la vraie nature du domaine dans lequel j'ai choisi de m'exprimer. Lors des interviews, on me pose des questions — je pense à Michaëlle Jean, à Christiane Charette, à Iona Monahan, à Anne Richer, entre autres — qui cherchent à aller plus loin.

Vous voulez apporter aux gens une connaissance plus approfondie de ce qu'ils peuvent tirer de leur garde-robe.

On considère souvent la mode comme une source de consignes, une forme de fascisme, parce qu'on la comprend mal. Et c'est vrai que devant des mannequins anorexiques de seize ans, qui projettent une image irréelle de la vie, on en arrive soit à mépriser son propre corps, soit à penser que les couturiers se moquent de nous. Les créateurs de mode sont pourtant des êtres attentifs qui cherchent à nous mettre en valeur. Dans ce sens, je crois que la grande tâche de démystification est commencée. S'ils la comprenaient mieux, les gens seraient peut-être plus tentés d'investir dans la mode. Parce qu'il n'y aura pas de création vestimentaire si les gens n'investissent pas.

Vous dites que la logique commerciale va à l'encontre du travail de création. Pourtant, dans votre domaine peut-être plus qu'ailleurs, sans commerce, il n'y a pas de création.

C'est vrai. Business et création sont intimement liés, leur séparation n'est que théorique. Je me souviendrai toujours d'une conversation que j'ai eue avec l'artiste américaine Hollis Jeffcoat, enviant le fait qu'elle semblait libérée de l'aspect financier de la création. Elle m'a répondu à cela que, non, tout artiste doit gérer sa création, un peintre doit choisir sa galerie, etc. Et c'est juste. Le mécénat n'existant plus, à notre époque, chacun doit être en mesure de prendre des décisions d'affaires, qu'il soit sculpteur, peintre ou dessinateur de mode; il y a un revers comptable à toute forme d'expression. Je pense simplement que l'horizon économique ne doit pas déterminer la création. À sa façon, la mode essaie de traduire les valeurs personnelles ou sociales, d'interpréter la vie. Vue sous cet angle, la nouveauté réelle n'est pas de même nature que la nouveauté qu'elle essaie d'imposer en tant qu'industrie. Elle a un rapport avec l'évolution de l'individu qui crée, avec sa compréhension de l'époque, comme avec l'état de la société.

Comment conciliez-vous tout cela ?

J'ai à la fois le romantisme de vouloir créer en toute liberté et la conscience qu'il faut des sous pour le faire. Plus j'avance à la tête de mon entreprise, plus je m'en rends compte. Quand j'ai commencé, je m'étais fixé des limites précises pour éviter de devenir un simple business. Aujourd'hui, je me dis que, pour avancer, il faut des moyens, et, entre autres, des moyens financiers. Ils sont une arme indispensable, un outil. L'important, c'est de trouver un équilibre entre le prix de l'argent et l'usage qu'on en fait, les raisons pour lesquelles on en veut...

On voit aujourd'hui que ce n'est pas parce qu'on a plus qu'on est mieux. D'autant que la plupart des objets qu'on achète sont dépouillés d'émotivité, ne font partie que de l'image sociale. Pour ma part, j'aime acheter des choses à valeur émotive ajoutée. Je suis portée à acquérir des produits qui me parlent, que ce soit une œuvre d'art, une maison, un vêtement, ou ce que je vais manger au restaurant. Avoir les moyens, c'est agréable, mais pas pour acheter n'importe quoi, sans discernement. Si j'ai envie d'une bonne chaîne acoustique, c'est que j'accorde une grande importance à la musique, que je veux écouter convenablement. L'objet dépasse sa fonction pour devenir une source de plaisir. Il y a de l'aliénation dans le fait d'acheter pour acheter. Tant de consommateurs sont saturés d'objets qui ne leur sont pas indispensables, qui ne leur ressemblent même pas du tout. On se porte mieux, je pense, quand on est entouré de choses qu'on aime vraiment et qui ne sont pas simplement pratiques.

Je ne rejette ni l'argent ni le commerce — il ne faut pas tomber non plus dans cet excès —, mais je me dis que toute acquisition doit d'abord nous faire plaisir. On n'achète pas un truc uniquement parce qu'on peut se le payer, mais parce qu'on en a envie. Il en va de même de la mode. Si, pour le créateur, l'importance de la mode vient de ce qu'elle lui permet de personnaliser son travail, pour le consommateur, cette importance vient du rapport personnel qu'elle lui permet d'établir avec ce qu'il achète. Chacun a sa façon de porter un vêtement, car le vêtement est tout sauf statique ; il bouge sur nous quand nous nous déplaçons. C'est ce mouvement, dont le support n'est jamais le même, qui me fascine.

Vous n'habillez pas simplement des cintres...

On a, hélas, évacué toute préoccupation à l'égard de celui qui portera le vêtement. C'est facile de travailler sur une structure immobile, on n'a qu'à cadrer à partir des épaules si on veut qu'un pli tombe bien droit. Mais c'est beaucoup plus intéressant quand on travaille sur des formes variables. Il n'y a pas deux femmes qui soient faites de la même façon, auront les mêmes envies, voudront mettre l'accent sur les mêmes parties de leur corps. Chaque individu a des facettes que, plus ou moins clairement, il souhaite mettre en valeur ou préfère cacher.

Moi, je trouve très agréable d'habiller des femmes de tout gabarit. Je prends beaucoup de plaisir à chercher ce qui convient à telle cliente, à découvrir le juste rapport entre les formes du vêtement et ses formes à elle. Lors d'un défilé récent, j'ai d'ailleurs fait appel à certaines de mes clientes, pour ce qu'on appelle un casting sauvage.

La beauté plastique a beaucoup moins d'importance que la personnalité. L'attrait, le charme passent avant. Il y a des gens de belle apparence, mais absolument dépourvus de profondeur. Comment pourraient-ils être séduisants, alors qu'ils ne dégagent aucune émotion ? Même phénomène avec les vêtements : l'important n'est pas qu'ils soient beaux ou non, mais qu'il s'en dégage quelque chose, qu'ils conviennent à l'individu qui les porte. S'il s'agissait simplement de faire de beaux vêtements, on n'aurait qu'à reproduire le même à l'infini. Mais on perdrait ainsi le côté intime du rapport avec celui qui le portera.

Créer, dans le monde de la mode comme ailleurs, relève toujours de ce délicat équilibre. La construction même d'un vêtement se joue sur des millimètres, qui feront peut-être toute la différence. Il y a une marge infime entre ce qui est ordinaire et ce qui est très bien ; la différence est si subtile que, souvent, on ne la voit pas. Pourtant même en étant incapable de dire pourquoi tel vêtement est bien, on va sentir qu'il l'est. On sentira l'énergie, l'émotion.

La mode, par définition — et je parle ici de la création —, est une activité qui vit de et par le changement. Il y a bien sûr une mode commerciale, répétitive, mais dans l'ensemble, c'est quand même une discipline qui demande de se remettre très régulièrement à la table de travail pour trouver quelque chose de nouveau. La nouveauté, après toutes ces années, comment la trouve-t-on ?

D'abord, il y a toujours des idées qui mijotent, l'envie de créer ne s'éteint jamais. Puis, si la fabrication d'un vêtement est soumise à certaines contraintes, elle laisse aussi beaucoup de place à la liberté, parce que, d'un côté, le corps bouge et, de l'autre, la matière n'est pas rigide. Le mouvement permet des variations à l'infini. C'est souvent en voyant quelqu'un bouger, par exemple, qu'on trouvera des idées, tout comme un comédien s'inspirera des gens qu'il observe dans la vie quotidienne. Il peut suffire d'un simple T-shirt, d'une pose, d'un mouvement que quelqu'un imprime à ce qu'il porte, pour que, tout à coup, quelque chose se passe, une forme apparaisse ou en suggère une autre.

Mais on fait aussi des découvertes pendant le travail. Il ne faut pas oublier que, dans la mode, l'aspect technique est très important. Il est extrêmement difficile de produire un bon patron, un bon moulage. Ce n'est pas pour rien que ce travail est très bien payé et que les maisons de haute couture ont des équipes tellement perfectionnées. Il faut des connaissances bien précises de ce qu'est une manche, une encolure, avant d'arriver à se les représenter sur un corps qui bouge, un corps vivant. Parfois, par contre, il nous vient une idée qu'on n'arrivera pas à mettre sur papier, parce qu'elle n'est pas tout à fait mûre ; ou encore, on va se rendre compte, à la production, qu'on est en train de faire fausse route. Une idée pourra n'aboutir que six mois, ou même deux ans plus tard, par hasard — le hasard débouche souvent sur des découvertes fantastiques — ou par erreur, de façon imprévue.

Quand vous parlez de contraintes, vous pensez au fait que le vêtement doit être utilitaire...

La fonction du vêtement est en effet essentielle. Être bien habillé, oui, mais il faut aussi être à l'aise, il faut que le vêtement soit pratique, qu'il convienne à notre rythme de vie. On ne doit pas se sentir coincé, embarrassé, quand on le porte. Bien sûr, à l'occasion, on peut être amené à se couvrir de vêtements qui, conçus pour une activité particulière, ne seront pas absolument confortables. Mais la mode touche aussi à la vie de

76

tous les jours, elle n'est pas limitée à des événements spéciaux. Une personne qui aime les vêtements communique à travers eux quotidiennement, dans sa façon de s'habiller aussi bien pour aller travailler, pour pratiquer un sport, pour se promener à la campagne, que pour sortir. La mode c'est vraiment un moyen de communication. Elle permet de transmettre beaucoup de choses qu'on n'exprimerait pas autrement.

Il y a deux mots qui reviennent régulièrement dans les comptes rendus de vos collections : confort et élégance...

Ce sont en effet deux termes auxquels j'attache beaucoup d'importance. On trouve parfois que c'est péjoratif de dire d'un vêtement qu'il est confortable. Peut-être parce qu'on pense tout de suite au pantalon de jogging ou au T-shirt. Mais on peut être aussi très à son aise dans un costume plus recherché. D'un côté, le confort d'un vêtement nous permet de bouger ; de l'autre, son élégance nous permet de nous exprimer. J'associe l'élégance à l'aspect recherché, raffiné, de mon approche vestimentaire. Je m'efforce en tout cas d'arriver à un langage qui ne soit pas du déjà-vu.

Sans dire que c'est bon ou mauvais, beau ou laid. Il n'appartient pas au créateur de trancher ; tout ce qu'il fait, c'est de proposer. En tant qu'artiste, il laisse libre cours à ses émotions sans porter de jugement sur elles. Parce qu'il sait qu'il va les requestionner. Le créateur ne suit pas une recette ; il remet constamment en question ses jugements de valeur, il remet en question en fait tout ce qui se passe. C'est quelqu'un qui se nourrit des oppositions qu'il rencontre à l'intérieur de lui-même. Je pense que s'il vivait une paix et une harmonie parfaites, il n'aurait pas grand-chose à dire. Le questionnement vient d'un tiraillement entre des émotions qui s'affrontent.

Quand vous parlez de confort, vous ne pensez pas seulement au côté pratique, utilitaire du vêtement, vous pensez également à son accord avec la personnalité intérieure, et vous semblez dire qu'on est d'autant plus élégant qu'on est à l'aise avec soi-même.

On considère souvent la mode comme une simple étiquette, comme le truc qui fait bien. Évidemment, certaines personnes ne s'habillent que pour se couvrir ou pour bien paraître ; mais d'autres cherchent quelque chose de plus profond. Il peut y avoir dans un vêtement beaucoup de symbolisme et de philosophie : c'est très personnel, car il nous touche d'extrêmement près.

Par ailleurs, la mode est aussi un spectacle, celui qu'on donne aux autres selon le rôle qu'on tient dans différentes situations. On ne se comporte pas de la même façon avec tout le monde, on n'est pas forcément la même personne en société, au travail, dans les relations professionnelles, dans les rapports avec ses amis, son entourage ou sa famille. Et la mode aide à rendre le spectacle encore plus intéressant. Parfois plus subtil aussi, parce qu'il peut être en contradiction avec ce qu'on est réellement : on peut s'habiller sexy sans être d'un naturel provocateur et on n'est pas timide parce qu'on s'habille avec discrétion. Dans ce sens, la mode est aussi un langage plein de contradictions. Dans l'attitude avec laquelle on le porte, dans l'accessoire qu'on y ajoutera, le vêtement parle.

Est-ce qu'il arrive, pour continuer sur cette question de l'image qu'on veut projeter, que la boutique devienne un peu un confessionnal ?

Les rapports qui s'établissent avec une personne qui se « déshabille » devant vous sont particuliers. La première chose qui émerge, presque inévitablement, c'est la partie d'elle-même qu'elle n'aime pas. Les gens enlèvent leurs protections quand ils se déshabillent — ce n'est pas qu'on les voie nus mais «à nu». Et ce déshabillage ne se fait presque jamais sans malaise physique, sans réflexe autocritique. Une fois ce stade dépassé, c'est ce qu'on aime dans son corps qui apparaît, la partie de soi à laquelle on aimerait accorder plus de place. Et comme chaque être est différent, chacun a sa conception particulière de la vie, l'un choisira de mettre en évidence son corps alors que l'autre préférera souligner son visage. Et ces choix seront révélateurs.

La cabine d'essayage, c'est presque comme le cabinet d'un psychiatre. À notre façon aussi, on est là pour aider les gens à se faire valoir, à paraître mieux afin d'être mieux. Parce que l'assurance, c'est souvent le regard des autres qui la procure. Avec la maturité, on arrive peut-être à en acquérir davantage, mais on a toujours besoin de ce regard. Quand personne ne fait attention à nous, on se sent drôlement seul, on n'a pas d'image à se renvoyer. Ce n'est pas l'image du miroir, mais celle que nous renvoient les autres qui compte.

Lors de ces rapports, sentez-vous chez les clients des choses qui, à votre avis, devraient ressortir et qu'ils essaient de cacher ?

Il est rare de rencontrer des gens en parfait accord avec eux-mêmes. Vraiment, presque tout le monde cherche à gommer une partie de soi : cela n'a rien à voir avec la beauté physique ou l'intelligence, c'est quelque chose d'extrêmement personnel et mystérieux. On cherche en effet parfois à cacher des choses qui pourraient pourtant nous permettre de nous épanouir. À moi de découvrir ce qui ferait vibrer.

Personnellement, je n'habille pas souvent ceux qui veulent rester dans l'ombre, neutres, qui ont peur de choquer... Je préfère qu'on s'affirme, qu'on se distingue ; je veux communiquer à mes clientes le plaisir que j'éprouve à m'habiller. De manière peut-être plus précise, ce que j'essaie de faire passer à travers mes vêtements, c'est le goût du risque, le désir d'adopter une position forte, affirmée. Ce n'est pas la projection de Marie Saint Pierre, mais celle, en fait, d'une personne idéale, à travers ses croyances, à travers sa philosophie. Et ma clientèle sent d'instinct qui je suis, elle se rapproche peut-être plus de ma démarche que du vêtement lui-même. Elle sent mon envie de risquer, de provoquer un peu. C'est ce qui manque parfois dans la vie, où on se sent coincé, les femmes surtout, par les rôles à assumer.

D'une façon générale, y a-t-il quelque part une femme référence, comme il y a un lecteur idéal pour un écrivain ?

Mais ce lecteur n'est-il pas un double, une projection idéale de soi-même ? Ce modèle est parfait, absolu, nettement au-dessus de soi, en parfaite harmonie avec les choses. C'est parce qu'il y a inadéquation entre cet idéal et la personne réelle qu'il n'y a pas de fin au processus créateur, c'est pour ça qu'il y a création et continuité dans la création. On tend vers cet idéal, sans l'atteindre. Dans la création, on cherche à définir d'une façon intime et bien perçue cette femme qui est soi sans être soi.

Pratiquement, comment les choses se passent-elles ?

Je commence par fournir un dessin à mes collaborateurs. Nous travaillons en équipe et leurs interventions, à différents niveaux, feront partie de la création. D'abord, à partir de ce dessin, le patronniste interprète la ligne directrice du vêtement, qu'il concrétisera dans une toile de moulage. Au cours de cette étape, le dessin initial peut être sérieusement modifié, comme en témoigneront les diverses et plus ou moins nombreuses toiles de montage. Plusieurs décisions d'ordre technique ou esthétique pourront même aboutir à un changement d'orientation.

Les interventions jusqu'ici sont le fait du créateur et du patronniste. Au moment de la confection, l'échantillonneuse s'ajoute à eux pour les décisions à prendre concernant le produit final. Puis ce sera au responsable de la production d'intervenir pour, toutes vérifications faites, donner le feu vert au processus de fabrication. Il y a ainsi, au cours de toutes les étapes de la naissance d'un vêtement, de constants échanges, une véritable osmose dans l'équipe.

Et comment naît le vêtement dans votre esprit ?

Au début, je dessinais mes collections : je faisais des croquis à partir d'une image que je transposais sur un bout de papier. Et c'était stérile, parce que dans le passage de la deuxième à la troisième dimension, on perd énormément de subtilité.

Rapidement, je me suis rendu compte qu'il manquait, là, quelque chose d'essentiel : la sensation de la matière. Le fait de travailler sur un mannequin, d'essayer moi-même les vêtements, de les sentir bouger en les cousant, en les pliant, a marqué pour moi un grand pas dans mon évolution. À partir de ce moment, je me suis laissée porter par l'intuition plus que par une idée toute faite. Maintenant, c'est la matière, par le contact que j'ai avec elle, qui va m'indiquer si je dois faire une jupe ou un pull, une robe ou un manteau.

Il y a un dialogue avec le tissu, avec la matière.

Absolument. La matière parle, elle nous apprend des choses. Comme la couleur pour un peintre, j'imagine, ou le matériau pour un sculpteur. On ne travaille pas de la même façon la pierre et la glaise. Il faut être en harmonie avec la matière, l'apprivoiser. Les vignerons goûtent je ne sais combien de fois avant de dire d'un vin qu'il est prêt. C'est la même chose dans la mode, c'est un domaine qui force à regarder, à toucher, à sentir, à soupeser.

Et j'aime tellement toucher la matière, la coudre, la laver, voir comment elle capte la lumière, faire des tests d'apprêt sur le tissu, de moulage, de teintes... Je ne vous dirai pas toute la cuisine à laquelle on soumet une matière : on la martyrise vraiment. Il faut que je la tripote pour sentir la forme qu'elle pourra prendre.

Vous n'imposez pas une idée aux matériaux, ce sont eux qui vous inspirent...

Voilà. Il faut laisser beaucoup de place à la spontanéité, à ce qui se passe au moment du contact avec la matière. C'est dans ce face-à-face réel, concret avec les choses que j'éprouve vraiment du plaisir, c'est là que la création se résout, se décide, pour autant bien entendu qu'on soit dans un état de réceptivité, qu'on soit disponible. Travailler avec une idée préalable, déjà fixée sur papier, avant d'avoir vu la matière, de l'avoir manipulée, ne me donne pas l'impression d'aller vers quelque chose de neuf. C'est dans le dialogue que les idées émergent. Bien sûr, cela suppose un apprentissage, la maîtrise du métier. Si on est angoissé, inquiet, peu sûr de ses réflexes, de sa forme, on panique à l'idée de ne pas savoir exactement où on s'en va. Mais si l'expérience est là combinée au dialogue avec la matière, l'énergie créatrice se donne libre cours. Ça ne se fabrique pas. Elle est là ou elle n'y est pas. C'est une magie...

Mais les idées nées au contact des matériaux et modelées par l'expérience, ce ne sont pas de pures formes ?

Non, elles doivent être intégrées au sentiment qu'on a de l'époque et de ses besoins. Dans la création, on se nourrit de tout ce qu'on voit, de tout ce qu'on apprend. En ce qui me concerne, la plus grande source de plaisir, d'inspiration, vient des tissus. Mais l'environnement aussi en est une : les gens, le genre de vie qu'on mène, le film qu'on vient de voir, les émotions qu'on éprouve. Celles de la maternité, récemment, dans mon cas. Chaque événement qui se présente peut en somme nous inspirer.

L'intérêt de la mode à cet égard, ce sont ses liens avec tous les autres secteurs, aussi bien sociopolitiques qu'économiques, etc. Il y a peu de domaines qui soient aussi proches du mode de vie. Pensez simplement à la technologie : dans les années soixante, on a découvert le plastique et la mode se l'est approprié; on a même vu naître des vêtements de papier, jetables. D'un point de vue plus philosophique, il y avait là l'idée de ne rien avoir de trop lourd à porter, dans tous les sens du terme, d'être mobile dans l'espace sans frontières qui, soudain, s'ouvrait aux gens. On vivait dans l'abondance à cette époque-là. On ne penserait jamais faire ça aujourd'hui : on est trop conscient du fait qu'il faut préserver nos ressources, qu'on ne peut pas porter et jeter. On est devenus un peu l'antithèse des poubelles des années soixante. Des exemples de ce genre, il y en a beaucoup. Et l'intégration de tous ces éléments relève de l'intuition, de la sensibilité. Il y a beaucoup de subtilité dans la mode, beaucoup de raffinement et de finesse.

D'une manière générale, comme dans tous les arts sans doute, on y retrouve trois principales sources d'inspiration : d'abord, le passé qui a formé notre caractère, notre personnalité, puis le présent, ce qu'on vit, notre quotidien, enfin le futur, c'est-à-dire une perception projetée vers un avenir qui n'existe pas encore, une réalité fictive, un idéal qui fait partie de nous-mêmes et en fonction duquel on prend des risques.

C'est cet ensemble, ce faisceau d'éléments qui compte. Et dans la création, il se fait une synthèse intime, personnelle, de tout cela. On ne peut faire abstraction ni de son bagage ni de sa situation concrète ni de ses désirs, même quand le mécanisme est déclenché par un événement en apparence anodin. Ce qui signifie qu'il faut toujours regarder, observer, être attentif aux gens — un créateur de mode ne peut pas vivre sur une île déserte —, et cela dans le moindre détail.

On se sert aussi, bien sûr, de l'histoire, des connaissances, des traditions, des livres. Et chaque fois, on cherche à faire « la » pièce parfaite, « le » *must*, le vêtement qui serait le vêtement de tous les temps et qui passerait à travers tout. Mais on n'y arrive pas et tout est toujours à recommencer.

On devient une sorte de filtre.

Oui. Les choses passent à travers moi sans que j'aie vraiment de décision à prendre. Elles arrivent. Par la suite, il y a une décision prise au contact même de la matière, mais, là, on est déjà dans les choix techniques, esthétiques, qui viennent après le processus dont on parle.

En somme, ce n'est pas par la volonté qu'on arrive à faire quelque chose...

Non, je ne pense pas. On a beau se dire qu'il faut être créateur, on ne réussit pas nécessairement à l'être. Je pense qu'il faut savoir laisser les choses venir à soi : on attire, on aimante les émotions qu'elles peuvent contenir et cette perception permet de créer. Mais on ne peut pas la forcer.

Il n'y a pas que des idées d'ordre général, il y en a aussi qui naissent d'une situation. Par exemple, vous ne pouvez pas ne pas tenir compte du fait que vous vivez dans un pays d'hiver.

Mais notre pays, ce n'est pas seulement l'hiver! Nous avons quatre saisons, sauf qu'on subit des changements atmosphériques rapides et surprenants, que la nature peut nous jouer tous les tours! Dès lors, les tissus importent peu. Je ne peux pas me dire, voilà, le blanc égale été et la laine égale hiver. J'essaye plutôt de concevoir les vêtements comme une série de pelures qu'on peut ajouter les unes sur les autres selon les circonstances climatiques. Si bien que la même garde-robe sera utilisable à l'année longue. Cette façon de faire reflète aussi la situation de ma génération, qui affronte des difficultés financières. De nos jours, on ne peut pas changer de vêtements quatre fois par année; on ne peut pas transformer sa garde-robe au complet parce que le printemps s'en vient, sans même savoir s'il va arriver...

J'ai donc ce côté raisonnable par rapport à la mode — ce que, semble-t-il, mes clientes apprécient beaucoup. Je mélange donc les matières automne-hiver, printemps-été, de manière qu'on puisse jouer avec les divers morceaux toute l'année. Je ne réserve pas, par exemple, la mousseline de soie à l'été et je n'hésiterai pas à employer des tissus traditionnellement destinés aux costumes de soirée pour des vêtements qu'on porte le jour, comme ce qu'on offre dans le prêt-à-porter. Ce courant, devenu populaire au cours des deux ou trois dernières années, est ce que je pratique, pour ma part, depuis dix ans.

On n'achète pas une robe seulement pour un soir, surtout que de telles occasions deviennent plus rares. On a même perdu le rituel de s'habiller pour sortir. Donc, si on craque pour une robe destinée à un événement exceptionnel, on veut bien pouvoir la porter de nouveau dans un contexte différent. Cela est très important pour une cliente qui a des moyens financiers restreints.

On fait de la création, oui, mais il faut aussi vendre le produit de son travail. Il faut donc prévoir les variations dans la façon de porter telle ou telle pièce. Par ailleurs, un créateur habille presque toujours les gens de sa génération, de son groupe d'âge. Voilà une chose dont il faut aussi tenir compte.

En somme, une garde-robe ne doit pas se démoder.

C'est parfaitement vrai. Mes clientes portent des pièces qu'elles ont achetées il y a cinq ou six ans; des manteaux que j'ai faits il y a dix ans suscitent encore curiosité et intérêt. Je crois qu'il faut donner au travail un aspect intemporel, en ne pensant pas juste à la mode mais en s'investissant émotivement.

À quel moment la collection se dessine-t-elle ?

C'est très rapide. En fait, étant donné la structure de l'industrie, au printemps, par exemple, on attend les matières pour l'automne. Quand on les reçoit, on a une quarantaine de jours pour préparer son défilé. On ne peut pas dessiner la collection six mois d'avance puisqu'on n'a pas encore les matériaux, c'est-à-dire les outils, en main. Et même si on a une idée précise de ce qu'on veut, dans cet intervalle de quarante jours, les choses peuvent changer du tout au tout. On vit donc dans le doute, dans l'effervescence jusqu'à la fin. La pression est énorme, c'est ce qui est passionnant...

Et je suppose qu'après il faut se remettre au degré zéro de réceptivité...

Ce sont des moments difficiles, parce que souvent on est déçu. Après une collection, on n'est plus satisfait de rien, un peu comme le peintre qui, en voyant finalement son exposition sur les murs, s'avise que ce n'est pas tout à fait ça qu'il voulait dire. Du reste, si on était absolument satisfait, on ne ferait plus rien...

Ce qui vient d'être créé vient aussi de mourir. Vous éprouvez le même sentiment ?

Oui, c'est un deuil énorme, physique, mental, et c'est éprouvant. Le doute s'installe; non seulement on dénigre ce qu'on vient de faire, mais on a l'impression qu'on commençait à peine à maîtriser la matière et que le travail reste inachevé. Puis le processus reprend, on retourne en production et on retombe amoureux de ce qu'on a fait. On voit son travail d'un œil différent, pour sa réussite technique, disons, et non plus pour son contenu émotif. La reprise de la production ramène les choses sur terre et, là, on est plus à même d'apprécier le travail accompli. C'est agréable et stimulant.

Quand vous êtes dans le doute, est-ce qu'il y a des gens dans la vie qui peuvent vous apporter quelque chose ?

Dans les moments de doute, c'est difficile d'être à l'écoute des autres. Mais il arrive que le hasard fasse des choses extraordinaires. Il y a toujours quelqu'un, pas nécessairement proche ni du milieu, pour dire quelque chose qui nous relance.

Il m'est arrivé, un certain jour de l'an, de me faire aborder dans la rue d'une façon très agréable. Je me promenais boulevard Saint-Laurent quand un jeune homme d'une vingtaine d'années m'a arrêtée pour me souhaiter la bonne année et me dire que je l'inspirais. Puis il s'est éloigné. Je trouve l'attitude extrêmement gratifiante. Oui, bien sûr, il y a des collègues, des concurrents, d'autres créateurs dont les compliments, après une présentation, font vraiment plaisir. Mais les commentaires les plus agréables, les plus stimulants, sont encore ceux des clientes.

Revenons, si vous le voulez bien, à la création. Quelles sont vos préoccupations esthétiques ? Il y a le mouvement, les tissus que vous n'associez pas forcément à des saisons, etc. Mais il y a aussi des couleurs, des impressions. Quels sont vos choix ?

D'une manière générale, je dirais que j'ai une certaine préférence pour l'asymétrie, pour les pointes ; j'aime les coupes qui donnent un air assuré ; et j'aime aussi la transparence comme pour permettre de voir à travers soi, d'y trouver des clefs de lecture. Mais ce ne sont là que des indications générales. Je n'ai pas d'a priori quand je dessine une collection. Comme je l'ai déjà dit, c'est le rapport à la matière qui est déterminant. Et la matière chatoie de façon différente selon un certain mouvement, sous un certain éclairage. Je ne recherche pas un modèle de col parfaitement proportionné ou une ligne soi-disant belle. Le vêtement n'est pas destiné à rester sur un cintre comme objet d'exposition, il est porté par des gens, il fait partie de l'individu.

Pour ce qui est du choix des couleurs également, il n'y a pas de règle préalable pour les harmoniser parce qu'il faut également tenir compte de la texture, de l'épaisseur, de la luminosité du tissu ; le lin, la soie, le polyester ne réagissent pas de la même façon à la couleur... Je ne peux pas le savoir tant que je n'ai pas le tissu devant moi. La coloration diffère de l'un à l'autre, selon sa composition et la façon dont il est tissé. Je ne peux pas dire, cette année, je vais travailler avec le rouge et le rose, par exemple. C'est le rapport avec les tissus qui passe en premier ; le choix des matières qui vient avant celui des couleurs. Ce qu'il faut d'abord se demander c'est : le vêtement sera-t-il lourd ou léger ? souple ou raide ? La coloration sera fonction de la matière. Si on retient un polyester mélangé à d'autres fibres synthétiques, la coloration ne sera pas la même que s'il s'agissait d'une matière naturelle, comme la soie ou le coton. Parce qu'aucune de ces fibres ne capte la couleur de la même façon. C'est à partir de là que je vais trouver les harmonies à l'intérieur de mes collections. Donc avant d'avoir reçu les échantillons de tissus, d'avoir fait des tests en laboratoire sur la coloration, ce qui réserve aussi des surprises, je ne sais pas ce qui m'attend.

Est-ce que c'est vous qui ajoutez la coloration aux tissus ?

C'est moi qui choisis mes couleurs. Il est très rare que celles qu'offre le fabricant me conviennent parfaitement. Il faut alors lui demander une coloration particulière. La plupart des fournisseurs sont prêts à travailler là-dessus avec les créateurs, à répondre à leurs besoins particuliers.

Et où rencontrez-vous les fabricants de tissus ?

En général, je fais affaire avec l'Italie. J'aime la sensualité des matières qu'on trouve là-bas. Les Italiens explorent volontiers de nouveaux terrains, ils ne craignent pas de mélanger les fibres synthétiques avec des fibres naturelles, de se mouiller dans la création textile. Ils ne se contentent pas de faire des gabardines de laine ou des mousselines de soie, ils proposent des tissus extrêmement avant-gardistes avec des propriétés diverses. Par exemple, récemment, je voulais des matières légères — je me sentais peut-être lourde du fait d'être enceinte —, mais qui auraient quand même un aspect douillet pour l'hiver, des matières chaleureuses. Je cherchais le confort avant l'esthétique.

Ces fabricants ont parfois des agents à Toronto, New York ou Montréal, qui viennent me rencontrer. Mais la plupart du temps, je vais à

Première Vision, le salon des matières textiles, à Paris, où tous les manufacturiers importants exposent leurs nouveautés... même si je finis par travailler avec des fournisseurs que je connais déjà. Et là on explore, on prend le pouls. Ce sont des endroits très inspirants, un peu comme une promenade au marché pour le chef cuisinier : on a tous les produits à portée de la main... Ces salons sont en somme des supermarchés de la matière. Ils sont très bien organisés, les produits sont expliqués très clairement, de la couleur aux sensations tactiles en passant par le poids des tissus.

Et les fabricants sentent déjà les tendances, le ton de la saison qui s'en vient ?

Le filateur, celui qui produit le fil, travaille deux ans avant le designer, qui, lui, travaille un an en avance sur la saison. Donc trois ans avant la mise en marché d'un vêtement, le fil a été pensé, coloré s'il s'agit d'une teinture en fil — parce que ce sont parfois les matières, parfois les fils qui sont teints, puis tissés et envoyés aux fabricants de vêtements ou aux dessinateurs. Vous voyez le chemin parcouru par un vêtement : filage, teinture, tissage, finition, avant d'arriver en boutique. Inutile de se demander pourquoi c'est si cher à la fin ! Et si, à chaque étape, il y a de la création, le prix est encore plus élevé ; parce que toute recherche, tout développement est coûteux.

Est-ce que les filateurs ont aussi des créateurs de tissus ?

Oui, ils travaillent, en général, avec un studio de design qui réfléchit aux façons différentes de faire des fils. Les filateurs sont peut-être plus près de la coloration, alors que les manufacturiers textiles le sont davantage de l'aspect final du tissu.

Alors quand vous trouvez un tissu qui vous plaît, mais qui ne correspond pas tout à fait à vos attentes, vous demandez qu'on l'adapte ?

Cela dépend des fabricants. Il est difficile de changer le processus de tissage, mais il est possible de changer la finition d'un tissu. Si on le désire plus souple ou plus brillant, on peut en faire la demande. Cela permet d'obtenir un tissu exclusif, mais une telle commande ne peut guère être exécutée que pour deux catégories de gens. Pour ceux qui ont les moyens de payer et pour les créateurs qui permettront au fabricant d'être branché sur le monde de la création vestimentaire et, éventuellement, d'être en mesure de commercialiser ce tissu fait en commun. Il arrive ainsi que l'utilisateur demande un enduit différent sur certains tissus. Le fabricant est prêt à faire des essais.

Il faut évidemment avoir le temps d'attendre et aussi entretenir, avec le fournisseur, de bonnes relations d'affaires. Même une petite entreprise comme la mienne peut profiter de ces services particuliers, si le fabricant nous sent en conjonction avec l'air du temps.

Une fois, à Première Vision, j'avais commandé les tissus choisis à ce salon. Ma commande était peut-être ridiculement faible, c'était une de mes premières collections, mais on m'avait assuré qu'on me les livrerait. Sauf qu'à la dernière minute ils m'ont fait savoir qu'ils n'en avaient plus le temps. J'étais outrée. Alors j'ai appelé la compagnie et j'ai demandé à parler au président. Il était trois heures du matin ici, je voulais lui parler dès le début de sa journée là-bas. Je lui explique ma situation, et il me demande : « Mais quelle heure est-il au Canada ? Et vous m'appelez pour vos matières ! » Il a trouvé ça très sympathique. Dès le lendemain, je lui ai envoyé un petit *book* avec des photos et quelques coupures de presse. Une semaine et demie plus tard j'avais mes tissus.

Voilà une collaboration liée à la création. C'est un peu comme, dans une imprimerie, l'artisan qui travaille avec un artiste sur une plaque, par exemple : l'artiste sait parfaitement le résultat qu'il vise, au-delà de toute considération technique, et l'artisan sera extrêmement content, pour ne pas dire flatté de ces demandes, même et surtout si elles dépassent le raisonnable. Car un artiste demande souvent l'impossible, mais l'impossible, quel meilleur stimulant pour celui qui a du savoir-faire ?

Les fabricants de textiles sont habitués à fournir ce genre d'effort pour la haute couture, qui exige elle aussi toujours l'impossible, et en petites quantités évidemment — la haute couture, c'est exclusif. Donc ils sont habitués à répondre à des exigences extrêmement pointues. Mais quand on vend à Chanel ou à toute autre maison de cette envergure, la saison d'après, on se doute bien qu'il sera très en demande.

Et il n'y a pas ici de fabricants de tissus comparables à ceux qu'on trouve en Europe ?

Non. On n'a pas, au Canada, une industrie textile vraiment intéressante. Ce secteur a tellement été protégé qu'on n'y a nullement senti le besoin d'explorer de nouvelles avenues. Et quand on est dans un marché protégé, pourquoi prendre des risques ? On sert les clients qu'on a déjà et qui rapportent quand même beaucoup ; pourquoi aller plus loin ?

Cela était surtout vrai dans le passé, mais même les difficultés récentes n'ont pas réussi à changer les règles du jeu. L'industrie textile employait beaucoup de monde au Canada, et même si ce n'est plus vrai maintenant, le poids qu'elle a longtemps eu dans la balance économique l'a fait bénéficier auprès des gouvernements d'une situation finalement à toute épreuve, et elle n'a aucun effort à faire encore aujourd'hui. Les jeunes créateurs ne l'intéressent pas. D'une manière générale, l'industrie du textile ici est stagnante.

Quelles sont les matières les plus belles, les plus stimu-
lantes, ou étonnantes, que vous ayez utilisées ?

On est toujours étonné ! Chaque saison, il y a des
matières originales, c'est sans cesse un renouveau. Il
y a des modes dans les matières également. Ce qui
est peut-être intéressant, c'est que la technologie
arrive à trouver de nouvelles façons de faire les
choses, des façons plus propres. On commence à
tenir compte de la pollution qu'elles engendrent, à
chercher des façons de teindre plus respectueuses
de l'environnement, avec aussi un souci de recy-
clage, comme de fabriquer, par exemple, des fibres
textiles à partir du verre. La technologie a constamment révolutionné le textile. Par exemple, dans les
années soixante, l'aérospatiale a donné naissance à
des nouveaux tissus ; l'armée a également joué un
rôle dans l'innovation ; de nos jours, c'est l'activité
sportive qui stimule la création. La technologie,
en définissant les nouveaux besoins qui lui sont
propres, amène à une évolution constante dans le
textile.

Est-ce que l'opposition entre matières naturelles,
comme la soie et le lin, et les matières synthétiques,
considérées comme plus vulgaires, existe toujours ?

Non. Mais il faut d'abord faire une distinction
entre synthétique et artificiel. Les matières synthétiques, comme le polyester ou le lycra, sont un pur

produit de la technologie, elles sont une invention de l'homme. Les matières artificielles, comme la rayonne et la viscose, sont, elles, dérivées d'éléments naturels. L'opposition entre les matières naturelles et les autres est donc un peu désuète. D'une part, parce qu'on sait que les sources de matières dites nobles, pures ou naturelles ne sont pas intarissables. D'autre part, parce qu'en mélangeant, par exemple, de la soie avec du polyester, du lycra ou de l'acétate, on obtient un tissu plus robuste et plus facile à entretenir, plus élastique et plus confortable. Les propriétés de chacune de ces matières se conjuguent.

Mais est-ce que la soie, par exemple, ressemble toujours à de la soie ? Est-ce que le résultat en garde la sensualité, la résistance ?

Si on faisait des tests les yeux fermés, vous seriez étonnée du résultat ! Il ne faut pas oublier que si certains cotons se vendent deux dollars le mètre, il y en a qui peuvent en coûter jusqu'à cinquante ; de même, on trouve des soies à deux dollars le mètre et des polyesters à cent dollars le mètre.

Quant à la résistance, elle est presque toujours supérieure. On ne mélange pas du polyester à de la soie par simple souci d'économie. Bien sûr, certains mélangent du polycoton pour faire moins cher, mais par-delà le bas de gamme, il y a toute une industrie qui renouvelle les matières parce qu'on s'est rendu compte qu'en ajoutant à la soie ou à la laine un peu de polyester, cela les empêche de froisser, les rend plus résistantes, lavables à la machine, etc.

Revenons à l'achat de tissus... À partir de quel volume de commande vous accorde-t-on une certaine impor-tance ?

Ce n'est pas moi qui fixe en général les minimums. Chaque compagnie a les siens.

Sur le plan technique, pour réaliser une matière, la machine ne peut fonctionner au-dessous d'un certain métrage : elle ne peut pas fabriquer seulement dix mètres, disons. Bien sûr, certaines machines sont capables de fournir des échantillons, en petites quantités donc, mais pas à n'importe quel moment. Il n'est pas possible de demander une coupe échantillon au beau milieu de la pro-duction normale, parce que c'est le moment où ces machines sont utilisées à produire ceux de la saison suivante.

Il y a donc des minimums machine qui ne sont pas rentables. Les entreprises canadiennes, pour y revenir, ne visent, elles, et ce en tout temps, que le minimum rentable, si bien qu'on ne peut jamais leur demander de petites quantités. En Italie, en revanche, on n'hésite pas à mettre en marche les machines pour des minimums techniques. Et deux cents ou trois cents mètres par couleur et par matière, c'est, en général, à peu près les exigences de départ des machines...

Depuis quand êtes-vous en mesure de commander deux ou trois cents mètres d'un tissu pour répondre à vos besoins ?

Depuis le début, je commande ces toutes petites quantités. Sauf que, pour commencer, j'ai eu deux matières, qui sont vite passées à quatre, puis à dix, puis à vingt.

Par matière, vous voulez dire tissu ?

Oui, mais chaque tissu peut être réalisé dans deux, trois ou quatre coloris. Si je présente un vêtement dans une gamme de trois couleurs, il faut que je commande six cents mètres. En général, mes collections proposent le choix entre deux ou trois couleurs. Deux c'est l'idéal, trois il y en a souvent une qui marche moins fort ; il y a fatalement une tendance qui domine. Créer une harmonie en jouant sur trois couleurs, sur le plan commercial, ça va, parce qu'il y a plusieurs clientes qui vont les combiner différemment, mais c'est très coûteux. À trente ou quarante dollars le mètre, vous imaginez ce que ça donne comme chiffre... Et puis, savoir réduire son choix oblige à pousser plus loin les oppositions ou les rapports et à réfréner sa gourmandise. En conséquence, ça oblige à approfondir.

Vous êtes femme chef d'entreprise, comment cela se passe-t-il avec ces messieurs des banques et du gouvernement ?

Les rapports entre hommes et femmes dans les affaires sont en train de changer. D'abord, parce qu'au cours des dernières années il y a beaucoup plus de femmes que d'hommes qui se sont lancées en affaires. Ensuite, parce que, bien que la réussite des hommes soit souvent plus éclatante que celle des femmes sur le plan financier, le taux de réussite des femmes est presque trois fois supérieur. Il est évident que les femmes prennent de plus en plus de place dans l'économie. En même temps, il me semble qu'elles ont un souci peut-être plus communautaire, qu'elles sont plus sensibles à leur environnement aussi. Je crois que, contrairement aux hommes, les femmes pensent à améliorer leur qualité de vie avant de se lancer dans des dépenses d'apparat... Elles ont toujours eu à gérer, elles savent où l'argent va, elles savent évaluer les besoins de tous les jours. Alors que les hommes se projettent d'emblée dans une image. Leur virilité passe aisément par l'acquisition de biens matériels pour épater les copains.

Prenons ma famille : ma mère, par exemple, aurait très bien pu gagner sa vie, comme elle l'a prouvé d'ailleurs, et faire une carrière, mais elle a préféré investir dans sa famille, être gestionnaire justement du porte-monnaie familial. Si, pendant ce temps-là, mon père pouvait se permettre des rêves fous, c'est parce qu'il avait cette femme-là à côté de lui. Cela fait partie du rôle, je pense, que la société attribue aux unes et aux autres. Aujourd'hui encore, on ne se lance pas dans le même genre d'entreprises, on ne prend pas le même genre de risques selon que l'on est une femme ou un homme.

Par ailleurs, on continue à se poser la question de savoir si on peut être épouse, mère et femme d'affaires en même temps, si on peut, dans la réalité, être la *superwoman* qui fait tout. Pour ma part, quoique la situation demeure difficile, je me dis que la vie de famille peut s'organiser autour de cette nouvelle réalité où les femmes s'engagent aussi dans leur travail. Je réalise que les banquiers ou les investisseurs ne sont pas insensibles à notre sérieux et à nos succès.

Nous sommes en train d'expérimenter de nouveaux modèles, sans savoir où cela va mener. Il y a encore, pour l'instant, des déséquilibres. Par exemple, le fait que les enfants en garderie voient très peu leurs parents. Mais au fur et à mesure que les femmes auront plus d'autonomie, l'harmonie entre leur vie de famille et leur carrière sera meilleure. Ces choses viendront petit à petit. Jusqu'à maintenant, un homme devait seulement montrer sa détermination, alors qu'une femme devait non seulement être déterminée, mais le prouver chiffres à l'appui. On a tendance à parier spontanément sur un homme, puisqu'il a depuis toujours géré les finances de la société.

Mais tout cela va changer. On va trouver une nouvelle dynamique pour mener notre vie de couple et pour élever nos enfants ; on va trouver une harmonie entre la vie personnelle et la vie professionnelle, ces deux pôles qui, s'ils sont parfois opposés, s'alimentent aussi mutuellement. Pour ma part, je serais bien malheureuse d'être toujours à la maison, et je pense que mon mari autant que ma fille y perdraient de ne pas avoir sous les yeux l'image de dynamisme et d'action que je projette actuellement.

Cela fait maintenant dix ans que vous êtes dans le métier, où en êtes-vous ?

Je dirais qu'il s'agit surtout maintenant de consolider l'acquis, de le développer économiquement parlant, bien sûr, non pas simplement pour avoir un plus gros chiffre d'affaires, mais pour pouvoir progresser. La création se doit d'être rentable, on ne peut pas continuer autrement. Il faut que l'entreprise jouisse d'une bonne santé financière. Elle est déjà bien établie en ce qui concerne la réputation et sur le plan de la création ; mais si je veux continuer et si je veux évoluer, il est indispensable qu'elle soit économiquement solide.

Au cours de ces dix premières années, j'ai l'impression d'être allée à l'école, d'avoir fait mon apprentissage. J'avais envie qu'on prenne la création venant du Québec au sérieux. J'avais besoin d'établir les contacts nécessaires. Pour cela, il fallait arriver à connaître tous les aspects du métier, les gens qui le composent, aussi bien les Chanel que les Calvin Klein en passant par les jeunes créateurs de toutes origines. Je sentais le devoir d'aller chercher ce qu'on ne pouvait pas trouver ici : une certaine tradition, un certain savoir-faire, une route à suivre, une façon de faire les choses. Je suis allée en Europe et aux États-Unis pour comprendre comment cet univers fonctionnait.

Aujourd'hui, j'ai envie de conforter mon expérience, sans cesser pour autant d'explorer de nouvelles avenues. Après dix ans d'apprentissage, de recherche, je fais un petit peu la synthèse. Je veux arriver à un produit plus mûr ; je souhaite travailler plus à fond une matière que je connais déjà. J'ai envie d'en approfondir des aspects, à la manière d'un écrivain qui partirait d'un chapitre ou d'un paragraphe d'un de ses livres pour en commencer un nouveau. De même, j'aimerais reprendre tel et tel épisode de ma carrière et le mener plus loin.

Ce qui m'amènera à faire certains choix, mais des choix qui resteront en accord avec la liberté que j'ai voulue : je ne prêterai pas mon nom à des gens qui l'utiliseront à leur gré parce qu'ils le considèrent rentable. J'ai eu des offres dans ce sens, que j'ai toujours refusées. Je veux que ma santé financière provienne de Marie Saint Pierre telle qu'elle est aujourd'hui...

Trouvez-vous ici des gens dont l'énergie corresponde à la vôtre ?

Il y a eu C'est ma mère qui m'habille, Chantal Gagnon, Vénéré... Puis, maintenant, Philippe Dubuc, Hélène Barbeau, Dénommé Vincent. Sans oublier, à Toronto, Comrags et Crystal Siemens. Si différent que soit leur travail, ce sont tous des gens qui ont une griffe et qui osent.

INDEX

TABLE DES MATIÈRES

Composition : Michel Groleau

Achevé d'imprimer en novembre 1997
sur les presses de AGMV MARQUIS,
Cap-Saint-Ignace, Québec